notas
para uma
definição
do leitor
ideal

SERVIÇO SOCIAL DO COMÉRCIO
Administração Regional no Estado de São Paulo

Presidente do Conselho Regional
Abram Szajman
Diretor Regional
Danilo Santos de Miranda

Conselho Editorial
Ivan Giannini
Joel Naimayer Padula
Luiz Deoclécio Massaro Galina
Sérgio José Battistelli

Edições Sesc São Paulo
Gerente Iã Paulo Ribeiro
Gerente adjunta Isabel M. M. Alexandre
Coordenação editorial Francis Manzoni, Clívia Ramiro, Cristianne Lameirinha, Jefferson Alves de Lima
Produção editorial Thiago Lins
Coordenação gráfica Katia Verissimo
Produção gráfica Fabio Pinotti
Coordenação de comunicação Bruna Zarnoviec Daniel

notas para uma definição do leitor ideal

Alberto Manguel

Tradução
**Rubia Goldoni
e Sérgio Molina**

© Alberto Manguel c/o Schavelzon Graham
Agencia Literaria (www.schavelzongraham.com)
© Edições Sesc São Paulo, 2020
1ª reimpressão, 2021
Todos os direitos reservados

Preparação Silvana Cobucci
Revisão José Ignacio Mendes, Elen Durando
Projeto gráfico e diagramação Luciana Facchini
Capa Luciana Facchini | Detalhe de *Leeszaal*
Autor desconhecido. Holanda, *c.* 1900.

Dados Internacionais de Catalogação na Publicação (CIP)

M3141n

Manguel, Alberto
Notas para uma definição do leitor ideal/Alberto Manguel;
Tradução Rubia Goldoni; Sérgio Molina.
São Paulo: Edições Sesc São Paulo, 2020.
168 pp.

ISBN 978-65-86111-19-4

1. Leitura. 2. Leitor. I. Título. II. Goldoni, Rubia.
III. Molina Sérgio.

CDD 028

Ficha catalográfica elaborada por Maria Delcina Feitosa CRB/8-6187

Edições Sesc São Paulo
Rua Serra da Bocaina, 570 – 11º andar
03174-000 – São Paulo, SP Brasil
Tel. 55 11 2607-9400
edicoes@sescsp.org.br
sescsp.org.br/edicoes
/edicoessescsp

NOTA DOS EDITORES

Notas para uma definição do leitor ideal é uma obra inédita que reúne textos de conferências, artigos e ensaios produzidos por Alberto Manguel nas últimas décadas, alguns dos quais publicados em suplementos literários.

A editora tem mantido contatos regulares com o autor por meio de eventos literários que realiza, os quais se intensificaram com a publicação do livro *O leitor como metáfora: o viajante, a torre e a traça*, em 2017. No ano seguinte, o Sesc realizou a exposição *Biblioteca à noite*, concebida por Robert Lepage e inspirada em livro homônimo do escritor argentino. Já em 2019, em uma de suas visitas ao Brasil, Manguel assegurou-nos a publicação de seu segundo livro com as Edições Sesc.

Os ensaios aqui reunidos oferecem erudição sem esnobismo, aproximando os leitores de grandes clássicos de maneira espontânea. Os capítulos tratam de temas diversos mas, de modo geral, estão todos associados à literatura, ao leitor e à leitura.

Para nós editores, é uma satisfação contar mais uma vez com a confiança de Alberto Manguel para trazer ao público de língua portuguesa esta publicação, em que sublinhamos as implicações seculares entre leitor e texto orquestradas pelo autor. Se a leitura não pode ser concebida como evasão da realidade, como afirma nosso autor, mas como verdade do mundo em nosso nariz, então esse é um excelente ponto de partida para conhecer o mundo.

É bem plausível que a glória da vida esteja sempre à disposição de todos nós, porém oculta dos nossos olhos, distante, nas profundezas. Mas ela está lá e não é hostil, nem arisca, nem surda. Basta chamá-la com a palavra certa, com o nome certo, que ela vem.

Essa é a essência da magia, que não cria nada, mas invoca.

FRANZ KAFKA, *Diário*, 18 de outubro de 1921

Para Ethel Groffier

13	Algumas palavras preliminares
15	Fontes
17	A democracia como obra de ficção
29	Elogio do dicionário
37	Autor, editor, leitor
41	Breve história das capas
45	O ponto
47	Censura e sociedade
57	Como Pinóquio aprendeu a ler
69	A leitura como ato fundador
77	A outra escrita
87	Matar os advogados
97	Sombras de vulto belo
101	Mapas do Paraíso
107	As lágrimas de Isaac
117	Leituras guerreiras
121	Bestiário
125	Leituras liliputianas
129	Onde estão os intelectuais?
135	Os ditados do ocaso
139	A arte de presentear
143	Shakespeare e Cervantes
147	O conto
151	A construção da Torre de Babel
159	Desobediência civil
163	Notas para uma definição do leitor ideal

Algumas palavras preliminares

Eu sempre quis ser leitor. Sinto que, para mim, a escrita é uma atividade secundária, ocasional, dispensável, mas acho que não poderia viver sem ler.

A leitura é um vício solitário; no entanto, sua consequência lógica é o impulso de compartilhá-la com outros, de pegar um amigo pelo braço e levá-lo até aquele trecho que tanto nos comoveu, nos iluminou, nos encheu de inquietação ou de felicidade. Esse impulso nasceu numa noite inconcebivelmente remota, em volta da fogueira, quando começamos a contar histórias uns aos outros, dividindo experiências e aprendendo com elas. Hoje, continuamos a contar histórias, continuamos a ler e a escrever por esses mesmos motivos.

Publiquei meu primeiro ensaio, sobre uma metáfora culinária usada por Santa Teresa, em 1974, aos 26 anos, na *Revista de Occidente*. Mais de 40 anos depois, vejo com certa inquietação que meus interesses não mudaram. Continuo interessado nos detalhes secretos da história, nos eventos curiosos, na multidão de personagens insólitos que os livros nos oferecem, e continuo me perguntando como as palavras que usamos para contar essas coisas alteram ou influenciam o mundo em que vivemos. A velha metáfora do mundo como livro e do livro como mundo sempre foi para mim uma evidência. Passei a infância descobrindo as coisas da realidade nos livros que lia. É para mim uma felicidade imensa poder continuar a fazer isso.

Mente quem diz que a leitura é uma forma de evasão da realidade. A leitura esfrega o mundo no nosso nariz, é preciso muita força de vontade para não nos envolvermos com os sofrimentos de Brás Cubas ou com a paixão de Fedra. Cada livro, cada história pode ser, assim como para Sherazade, uma estratégia contra a morte; pode ser também um projeto para uma vida melhor, como Dante imaginou, ou pelo menos um pouco mais justa, como sonhou D. Quixote. Acho que é apenas isso, com ligeiras variações, o que venho repetindo nos meus textos desde o princípio, há muito tempo.

ALBERTO MANGUEL

Fontes

"A democracia como obra de ficção" é o texto de uma conferência que dei no Rotary Club de Buenos Aires, em 12 de julho de 2017. "Elogio do dicionário", meu discurso de posse na Academia Argentina de Letras, em 10 de agosto de 2017. "Como Pinóquio aprendeu a ler" foi escrito para um congresso sobre leitura organizado em Buenos Aires, em 2003. "A leitura como ato fundador" foi o discurso de abertura da Feira do Livro de Buenos Aires, em 26 de abril de 2016. "A outra escrita" abriu o seminário Ortega y Gasset, organizado pela Embaixada da Espanha, em Buenos Aires, em 31 de maio de 2017. "Matar os advogados" foi uma conferência realizada no Colegio de Abogados de San Isidro, em 7 de novembro de 2016. "Sombras de vulto belo" foi lido, em 25 de abril de 2017, no Festival Gutun Zuria, de Bilbao.

"Mapas do Paraíso" foi apresentado no ciclo Fronteiras do Pensamento, em 3 de novembro de 2014, em Porto Alegre. "As lágrimas de Isaac" foi meu discurso de recepção do Prêmio Formentor, em Maiorca, em 23 de agosto de 2017. "Notas para uma definição do leitor ideal" foi redigido para a revista da Maison des Écrivains Étrangers et Traducteurs de Saint-Nazaire, em julho de 2013. "O ponto" foi publicado originalmente na revista do *New York Times*, no final de 1999. "Censura e sociedade", numa versão um pouco diferente, foi uma das conferências Massey, realizadas no Canadá, em 2007. Vários desses textos, em versões ligeiramente modificadas, foram publicados no suplemento "Babelia", do jornal espanhol *El País*.

A democracia como obra de ficção

A adolescência talvez seja a melhor idade para conhecer os clássicos. Lembro da surpresa com que, aos 14 ou 15 anos, descobri, na eclética biblioteca do meu pai, os humorísticos diálogos de Platão, as intrépidas histórias de Heródoto, os ardentes poemas de Catulo, os aprazíveis ensaios de Sêneca. Sem que ninguém me obrigasse a estudar nada daquilo e sem que ninguém me dissesse que eram clássicos, eu folheava, em Buenos Aires, os livrinhos da coleção Austral, perguntando-me, com Sócrates, como podemos distinguir o sonho da vigília; espantando-me, com Heródoto, de que os citas guerreassem sobre um mar de gelo; deslumbrando-me, com Catulo, diante da beleza de Lésbia e Juvêncio; desejando, com Sêneca, um jardim recôndito onde me sentar e ler em paz.

Com a idade, boa parte dos textos essenciais se torna, na memória, quase que um lugar-comum, talvez porque nossa experiência faça com que não nos pareçam mais tão surpreendentes e iluminadores como da primeira vez. À medida que o tempo passa, vamos nos apropriando das reflexões dos antigos sábios e passamos a repeti-las não mais como fulgurantes revelações, mas como uma batida confirmação de verdades – ai! – demasiado evidentes: a vida é breve; a felicidade, passageira; a carne, triste; os sonhos da juventude, frustrados; a miséria do mundo, constante. A velhice faz de todos nós pequenos filósofos de uma banalidade avassaladora.

Às vezes, o que nos incita a conhecer um clássico é o comentário depreciativo de alguém, como quando, há alguns anos, o então presidente da França Nicolas Sarkozy perguntou para que servia ler *A princesa de Clèves* e com isso fez as vendas da Madame de Lafayette dispararem. Às vezes, é um melodrama popular absurdo que, ao mencionar uma obra-prima, leva o livro para a lista dos mais vendidos, como aconteceu com a *Divina Comédia* graças a Dan Brown.

Mas, tirando esses casos fortuitos, por que ler os clássicos? Por que ler Sêneca, por exemplo? Entre outras coisas, para nos consolarmos com o que os alemães chamam *Schadenfreude*, essa espécie de enviesada alegria de descobrir que os outros, nossos antepassados, também não foram felizes e que, nas épocas remotas da cultura clássica, a vida não era mais fácil nem mais justa. Comparados com os lunáticos césares, nossos atuais governantes chegam a parecer quase racionais; perto dos sangrentos espetáculos que o povo exigia, os mais violentos *video games* são brincadeirinhas inocentes; diante das enormes injustiças da sociedade romana, nossas ditaduras, com todos os seus desmandos, parecem até democráticas. Parece um milagre que naquelas circunstâncias tenha nascido a deliciosa literatura latina, que deu origem a muitas das nossas culturas.

Também lemos os clássicos para nos instruirmos com anedotas que ensinam, *exemplum docet*, como viver melhor. Em *Sobre a tranquilidade da alma*, Sêneca relata que Júlio Cano, condenado à morte, disse ao seu conselheiro que estava decidido "a observar, nesse fugacíssimo momento, se sentimos a alma partir" e lhe prometeu que, se descobrisse algo, visitaria sucessivamente cada um dos seus amigos e lhes revelaria qual é a condição dos espíritos no além. (Dezoito séculos mais tarde, num continente que para Sêneca nem existia, Edgar Allan Poe transformaria o nobre propósito de Cano na aterradora história de "A verdade sobre o caso do Sr. Valdemar".) Calígula, um dos césares mais dementes e sanguinários, morreu assassinado em janeiro de 41, "muito desgostoso", escreve Sêneca, "se é que nos infernos persiste algum sentimento, de ver que o povo romano sobreviveria a ele". (Videla e Pinochet certamente compartilharam desse desgosto.) A propósito da ira, Sêneca conta que, um dia, Catão levou um soco no rosto; quando seus amigos se surpreenderam por não vê-lo irritado ou ofendido, ele lhes respondeu: "Não me lembro de ter sido agredido". (Resposta ainda mais sutil que a dada por um contemporâneo de Sêneca num monte da Galileia.)

Lemos os clássicos para darmos continuidade a uma linhagem de leitores ilustres. Sêneca foi lido e aprovado pelos primeiros cristãos; na alta Idade Média, Dante o acolheu no Nobre Castelo ao lado de Homero, chamando-o "Sêneca moral". Santo Agostinho, mais sutilmente, distingue o escritor do homem. Comentando as qualidades morais da franqueza e da coragem, Agostinho aponta que Sêneca sem dúvida as possuía, "pelo menos em parte". Quer dizer, se ele "as teve em seus escritos, faltaram-lhe, porém, na vida". Na vida, Sêneca foi quase o oposto de um estoico. Dedicou-se aos negócios e à usura e, em pouco tempo, acumulou uma vasta fortuna que lhe abriu as portas dos governos. Sob vários césares (Tibério, Calígula, Cláudio, Nero), foi questor, cônsul e conselheiro imperial. Depois que Nero assassinou a própria mãe, Sêneca redigiu o discurso de defesa do imperador perante o Senado romano. Sua conduta servil de nada lhe valeu. Com base em provas forjadas, foi acusado de conspirar contra o imperador, e Nero o condenou ao suicídio. Segundo testemunhas como Tácito (que não costuma ser nada generoso em seus juízos), no momento de sua morte, o filósofo-usurário demonstrou a digna atitude estoica que seus livros recomendavam. "Onde estão os preceitos da sabedoria, onde a conduta firme preparada por tantos anos para enfrentar um momento como este?", perguntou aos amigos que o rodeavam chorando. "Acaso havia alguém que ignorasse a crueldade de Nero? Que mais faltava àquele que mandou assassinar a mãe e o irmão senão ordenar também a morte de quem foi seu preceptor e conselheiro?" Dizendo essas palavras, Sêneca cortou com dignidade as próprias veias no ano de 65. Talvez tenha sido sua última lição.

Qualquer clássico (qualquer um dos livros que resolvemos chamar de clássicos) lança alguma luz sobre a pergunta essencial que todo cidadão se faz, em qualquer tempo e lugar: como construir uma sociedade razoavelmente justa e adequadamente feliz? Há pautas em Homero, em Sêneca, em *D. Quixote*, em *Grande sertão: veredas*, em *Cem anos de solidão*. Mas, para mim, o guia mais claro, mais generoso, ainda que esteja longe de oferecer uma resposta decisiva, talvez seja *A República*, de Platão.

Como todos os diálogos de Platão, *A República* é um conjunto de ideias, inspirações, sugestões, invenções sobre um grande leque de temas, expostos sem maior preocupação por manter uma ordem linear nem qualquer desejo de chegar a uma conclusão. Como seu gênero literário indica, é antes de tudo uma conversa, ou seja, um entrelaçamento de vozes mais ou menos inteligentes, mais ou menos informadas, mais ou menos concludentes. Quando li o livro pela primeira vez, na adolescência, sua falta de altivez e prepotência me desapontou um pouco: meus professores o mencionavam com tanta reverência, que eu esperava encontrar um texto árido, declamatório, assertivo. *A República* revelou ser justamente o contrário, um livro ameno, às vezes humorístico, agradável, apaixonado, feito de um vaivém de observações, ideias inacabadas, jogos verbais menos dignos da oratória que de um bate-papo entre amigos. Na verdade, *A República* parecia isso mesmo: uma daquelas intermináveis noitadas em que meus amigos e eu, com a energia intelectual e física que só temos aos 16 ou 17 anos, discutíamos sobre o significado do mundo, confessávamos nossos medos e nossas esperanças e tentávamos resolver os grandes problemas políticos e metafísicos do universo, até cairmos de sono no tapete.

A República é uma espécie de boneca russa: a discussão sobre a república ideal que Sócrates propõe aos seus ouvintes (e que dá ao diálogo o título pelo qual é habitualmente conhecido) é apenas um recurso para chegar a outra, mais profunda e complexa, sobre os méritos de quem é idealmente justo ou injusto, que, por sua vez, permitiria chegar a uma definição aceitável da própria noção de justiça. Saber se uma sociedade ideal é possível é apenas uma das muitas perguntas que balizam esse longo diálogo. Só a primeira parte desse ambicioso tema é de fato debatida, qual seja, uma comparação entre diversas formas de governo, discussão, por sua vez, encaixada entre uma conversa inacabada sobre a velhice e uma espécie de viagem imaginária ao além, contada por Sócrates. Esse diálogo nada tem do rigor acadêmico que nossos preconceitos atribuem aos filósofos clássicos; em *A República*, em vez de encontrar um precursor das matemáticas estruturas retóricas de um Spinoza ou de um Kant, o leitor encontra, com surpresa (e gratidão), um remoto antepassado dos desopilantes diálogos lógicos de *Alice no País das Maravilhas*. O Sócrates de Platão tem algo da Lagarta (que exige que Alice responda cabalmente à pergunta "Quem é você?") ou do Gato de Cheshire (que diz a Alice, quando ela lhe pede para indicar o caminho, que isso depende do lugar aonde ela quer chegar), enquanto o leitor ecoa as palavras de Alice diante das charadas do Chapeleiro Maluco: "Penso que poderia fazer melhor uso de seu tempo em vez de desperdiçá-lo com perguntas que não têm resposta".

Um dos aspectos mais estranhos de *A República* (como de outros diálogos platônicos) é que o autor do texto só aparece como amanuense. O próprio Platão nunca aparece. Quem dialoga com os ouvintes é Sócrates, um Sócrates irônico, mordaz, implacavelmente inquisitivo, que não teme se enganar nem reconhecer que se enganou. Surpreende que Sócrates não se leve totalmente a sério, que ria de si mesmo e dos interlocutores, aproveitando seus erros para melhor chegar à verdade, tarefa que reconhece como impossível, mas que, apesar de tudo, ele perseguirá, porque a verdade deve ser a meta de todo ser humano. A busca do inatingível não apenas lhe interessa como também o diverte, ou o faz feliz. Sentimos que Sócrates tem prazer em discutir, em simplesmente alinhavar ideias, mais além da importância que os temas tratados possam ter. Ele não sente necessidade de escrever, de ser autor de um texto fixo (já no *Fedro* sustenta que a escrita enfraquece a memória). O que o atrai é a palavra viva, a troca de opiniões, o exame dos fatos, o questionamento, a inquisição, no sentido borgiano do termo.

Talvez Platão tenha adaptado as ideias de Sócrates às suas próprias ou talvez tenha atribuído a Sócrates palavras que seu mestre jamais disse; para o leitor, isso pouco importa. O fato é que agora Sócrates é o personagem apresentado por Platão, diferente da descrição que dele fazem outros contemporâneos, como Xenofonte ou Aristófanes. Talvez o Sócrates dos diálogos seja um porta-voz do próprio Platão, mas, na realidade do texto, Sócrates tem uma coerência, uma personalidade, uma voz absolutamente suas. É notório que Platão foi recrutado pelos filósofos profissionais e pertence necessariamente à história da filosofia; no entanto, para o leitor sem preconceitos, seu verdadeiro lugar é entre os grandes criadores de personagens literários, ao lado de Shakespeare, Cervantes, Dostoiévski e Flaubert. Eu me pergunto se não seria um equívoco ler o discurso de Sócrates como equivalente ao de Platão, assim como é um equívoco ler o discurso de Hamlet como sendo de Shakespeare e o do Príncipe Míchkin como sendo de Dostoiévski. O fato é que não temos como fazer esse cotejo, já que Sócrates quase não existe fora dos textos platônicos, e o mesmo vale para Platão. Quando lemos *A República* hoje, tomamos as opiniões do personagem Sócrates pelas do seu autor, que é provavelmente o que Platão queria.

Vale ressaltar que a característica mais evidente de *A República* é sua falta de ênfase. Embora Sócrates conduza o diálogo de definição em definição, nenhuma soa como absoluta para o leitor. Ao contrário, lemos *A República* como uma sucessão de acenos, de esboços, de preparações para uma descoberta que nunca chega a acontecer. Quando o agressivo Trasímaco afirma que a justiça não passa de "uma generosa ingenuidade" e a injustiça é apenas "discrição", sabemos que ele não tem razão, mas os questionamentos de Sócrates não se encaminham a demonstrar, de forma precisa e incontestável, que suas definições são errôneas. Encaminham-se, ao contrário, a uma amena discussão sobre diferentes sociedades e sobre os méritos de seus governos, relativamente justos ou injustos. Segundo Sócrates, a justiça deve ser incluída na categoria das coisas "que quem quiser ser feliz terá de amar tanto por si mesmas como por suas consequências". Mas como definir essa felicidade? O que quer dizer amar uma coisa por ela mesma? O que resulta dessa justiça que não acaba de ser definida? Sócrates (ou Platão) não quer que nos demoremos nessas considerações; o que lhe interessa é o percurso. Antes de discorrer sobre o homem justo e o injusto, e portanto sobre o próprio conceito de justiça, Sócrates propõe investigar o conceito de sociedade injusta ou justa. "A justiça é, como declaramos, um atributo não apenas do indivíduo, mas também de toda a cidade?" Com o propósito de definir a justiça, o diálogo nos afasta cada vez mais dessa meta inefável: em vez de uma linha reta entre pergunta e resposta, *A República* nos propõe um caminho feito de vaivéns, em que seus próprios desvios, suas digressões e dilações produzem no leitor um misterioso prazer intelectual.

Nem sempre *A República* teve esse nome. Nos escritos de Aristóteles, discípulo de Platão, o livro é mencionado com o título de *Politeía*, ou seja, "O governo da cidade", enquanto o astrólogo Trasílio, no século I, prefere chamá-lo *Sobre a justiça*. Cada leitor lê o livro que quer (ou que pensa) ler: Aristóteles estava interessado nas opiniões do seu mestre sobre a arte de governar; sob o reinado de Tibério, o que preocupava o observador de estrelas era chegar a uma definição de justiça que lhe permitisse julgar as versáteis noções de justiça do seu imperador. Os leitores cristãos viram em Platão um visionário *avant la lettre*; Dante o admitiu ao lado de Sêneca no Nobre Castelo do seu *Inferno*, mas criticou sua teoria das almas; o humanista Marsílio Ficino propôs que Platão fosse lido no púlpito, ao lado da Sagrada Escritura; Francis Bacon reprovou sua falta de rigor científico; para os românticos, ele foi o primeiro romântico; Nietzsche, apesar de admirá-lo, opinou que o espírito platônico era fraco e afeminado, contrapondo a noção de "vontade de poder". Hoje ele é disputado tanto por conservadores como por reformistas que encontram em seus diálogos a pré-história das suas próprias ideias. Nos nossos dias, toda república se declara devedora de *A República*.

O ponto de partida da conversa central de *A República* é este: "No caso de acompanharmos em pensamento", diz Sócrates, "a formação de uma cidade, não assistiremos, no mesmo passo, ao processo de nascimento da justiça e da injustiça?". Depois da resposta afirmativa dos seus ouvintes, Sócrates prossegue: "Segundo o meu modo de pensar, forma-se uma cidade pela circunstância de que nenhum de nós se basta a si mesmo e necessita de muitas coisas". Aristóteles, curiosamente, não compartilhou dessa visão utilitária de Platão, seu mestre, e preferiu imaginar que as sociedades são fundadas por razões éticas e morais. O resto de *A República*, até o final do décimo livro, passa em revista as diversas sociedades que Platão conheceu diretamente. Depois de criticar várias delas e de destacar as virtudes e acertos de algumas, todas, de um modo ou de outro, parecem opressivas, e a sociedade ideal nunca é definida por completo. Da vontade primordial de compartilhar e ajudar-nos uns aos outros nasce a necessidade de um governo comum formado pelos cidadãos mais inteligentes e capazes; essa aristocracia – e quem fala aí talvez seja o aristocrático Platão, e não Sócrates – se transforma no governo formado por quem tem rendas (timocracia), que é sucedido pela oligarquia, que, por sua vez, degenera em democracia – sistema que Platão abominava – e, por fim, em tirania. Esse é o pior de todos os regimes, pois

> o protetor do povo, quando dispõe de uma turba fácil de dirigir, não se abstém de beber sangue dos de sua própria tribo. Por acusações caluniosas, muito do gosto desses tais, arrastam-nos aos tribunais e se maculam com o crime de homicídio: língua e boca profanadas com o gosto do sangue dos parentes exilados ou executados, e com promessas vagas de abolição de dívidas e redistribuição de terras[1].

---

1 Platão, *A República*, coord. Benedito Nunes, trad. Carlos Alberto Nunes, 3. ed., Belém: EUFPA, 2000. [N.E.]

A conclusão, que na verdade não conclui, é tremendamente triste. "Mas das formas de governo existentes no nosso tempo, a teu ver, qual convém mais [à prática da filosofia]?", pergunta um dos interlocutores de Sócrates. "Nenhuma", responde o mestre, implacável.

A *República* termina não com definições dogmáticas de justos e de justiça, mas com uma espécie de conto fantástico, a história do guerreiro Er, de como ele morre na guerra e, dias depois, quando seu cadáver é recolhido e posto na pira funerária, volta à vida para contar o que sua alma viu no além. Embora o último parágrafo do diálogo nos dê a esperança de que, se acreditarmos que a alma é imortal, poderemos superar os males de toda sociedade e ser, apesar de tudo, felizes, o leitor termina *A República* com mais dúvidas que consolos. Talvez uma das razões da imortalidade intelectual de *A República* seja o fato de não oferecer respostas nem propor soluções, mas expor nossas dúvidas e angústias essenciais. Todo leitor de *A República* acaba sendo um dos seus interlocutores.

Eu também. Por mais de meio século, vivi em meia dúzia de sociedades tão complicadas e diversas como as que Platão conheceu. Primeiro, numa Atlântida inventada em terras usurpadas (Israel); em seguida, numa sequência de ditaduras militares (Argentina); mais tarde, numa aristocracia que promove a separação de classes (Inglaterra); depois, numa colônia disfarçada de território ultramarino (Taiti); depois, ainda, na década de 1980, numa frágil democracia (Canadá); e hoje, de novo, na Argentina, um país que continua procurando a si mesmo. A essas poderia acrescentar inúmeras microssociedades que, em algum momento, integrei, comunidades dentro de círculos maiores, minúsculos microcosmos nos quais se estabelecem determinadas regras de convivência: clubes, cenáculos, acampamentos, coletividades étnicas e filosóficas, círculos intelectuais e grupos artísticos. Desconheço muitas outras: as tribos indígenas da floresta, as sociedades tribais do deserto, os povos nômades, as famílias polígamas (poligínicas, como as dos mórmons, ou poliândricas, como as dos tibetanos), os comunismos, as ordens religiosas. Suspeito que, assim como aquelas sociedades que conheci diretamente, nenhuma delas é perfeita.

Nem mesmo nas geografias imaginárias existem sociedades irretocáveis. Tempos atrás, compilei, com Gianni Guadalupi, uma espécie de catálogo de sociedades sonhadas na literatura. Muitas se revelaram atrozes, seja pelas coisas horríveis que nelas aconteciam, como nas chamadas distopias, seja pela atmosfera irrespirável das supostamente impecáveis, cujo modelo é a abominável *Utopia*, de Thomas Morus. O certo é que eu não queria ter vivido em nenhum desses lugares.

Diante das perguntas em aberto que *A República* deixa a seus leitores, que respostas podemos esboçar? Se toda forma de governo é, de um modo ou de outro, nefasta, se nenhuma sociedade pode se gabar de ser ética e moralmente saudável, se a política inexoravelmente se torna uma atividade infame, se toda iniciativa coletiva se estilhaça em mesquinharias e baixezas individuais, que esperança podemos ter de vivermos de forma mais ou menos pacífica e proveitosa, cuidando uns dos outros com respeito? As sentenças de Trasímaco sobre as virtudes da injustiça, por mais absurdas que possam parecer, foram repetidas ao longo dos séculos, e hoje, mais descaradamente que nunca, continuam sendo repetidas pelos exploradores de todos os sistemas de governo, sejam eles quais forem. São estes, e não outros, os argumentos dos latifundiários feudais, dos mercadores de escravos e seus clientes, de ditadores como Stálin e Franco, dos responsáveis pela crise financeira do segundo decênio do século XXI. A "direita sem vergonha" proclamada pelos conservadores, as "virtudes do egoísmo" declaradas pelos defensores do capitalismo selvagem, a privatização de todo bem público promovida pelas multinacionais são outras tantas maneiras de dizer, como Trasímaco, que "o justo não é mais nem menos do que a vantagem do mais forte".

O certo é que quase todos nós, mesmo os que cometemos as mais atrozes injustiças, sabemos, como Sócrates e seus interlocutores, o que é justo e o que não é. O que evidentemente não sabemos é como agir com justiça a todo momento, seja em conjunto, como sociedade, seja individualmente, como cidadãos. Algo em cada um de nós nos predispõe à própria vantagem material, sem consideração pelos outros; algo oposto a isso nos inclina aos benefícios mais sutis da doação, do compartilhar, do que pode ser útil não a nós, mas ao próximo. Algo nos faz saber que, embora a ambição de riqueza, poder e fama nos anime poderosamente, a experiência – a nossa e a do mundo – acabará por nos mostrar que, em si mesma, essa ambição não vale nada. Sócrates conta que, quando a alma de Ulisses teve de escolher uma nova vida após a morte, "aliviada da ambição, pela lembrança das provações anteriores", o legendário aventureiro procurou "a vida pacata de algum cidadão de todo alheio aos negócios públicos" e "muito satisfeito apoderou-se dela"[2]. Não é impossível que esse tenha sido seu primeiro ato verdadeiramente justo.

---

2 Cf. Platão, *A República*, op. cit. [N.E.]

Elogio do dicionário

Uma das seções favoritas da minha biblioteca (que agora se encontra num remoto guarda-móveis, à espera da desejada ressurreição) era a que abrigava meus dicionários. Para minha geração (nasci na primeira metade do século passado), os dicionários eram importantes. Os mais velhos davam grande valor à Bíblia, à interminável saga de Mazo de la Roche, ao livro de receitas de *doña* Petrona, à *História universal* de Cesare Cantù. Para as gerações deste terceiro milênio, os objetos valorizados talvez nem sejam um livro, mas um nostálgico Game Boy ou um iPhone. Para muitos leitores da minha idade, porém, *Sopena*, *Petit Robert*, *Appleton* inglês-castelhano eram os nomes dos anjos da guarda de nossas bibliotecas. Entre os meus, o mais frequentado era o *Pequeño Larousse Ilustrado*, com seu caderno cor-de-rosa de frases estrangeiras, que separava as palavras comuns dos nomes próprios.

Para quem gostava de ler, o dicionário era um talismã com poderes misteriosos. Em primeiro lugar, porque os mais velhos nos tinham dito que naquele livro gordinho se encontrava a incomensurável riqueza de nosso idioma; que entre suas capas estavam todas as palavras que nomeavam tudo o que conhecíamos e tudo o que ainda havia por descobrir; que o dicionário era o guardião do passado (das palavras que nossos avós usavam) e do futuro (das palavras que nomeavam o que algum dia talvez quiséssemos dizer). Em segundo lugar, porque o dicionário, como uma sibila bondosa, respondia a todas as nossas dúvidas ortográficas (embora, como se queixa a professora de Helen Keller em *O milagre de Anne Sullivan*: "Para que serve um dicionário, se a pessoa já tem que saber soletrar a palavra para procurar como ela é soletrada?").

Na escola, nos ensinavam a ser curiosos. Sempre que perguntávamos a um professor o significado de uma palavra, ele respondia "procurem no dicionário!". Não considerávamos isso um castigo, ao contrário: com essa ordem, ele nos dava a fórmula para entrar numa gruta de Ali Babá onde se guardava o tesouro de incontáveis palavras, e cada uma delas podia nos levar, por caprichos do acaso, a muitas outras. Procurávamos, por exemplo, *tongorí*, depois de ler "O matadouro", de Esteban Echeverría, no qual os açougueiros acusam uma velha de tentar roubar pedaços de carne: "Está levando os rins e o *tongorí*!", gritam os rapazes. E descobríamos não apenas que *tongorí* é um pedaço de entranha ou carne dura como também que, em algumas partes da África, dá-se o nome de *tongorí* ou *tongerret* à cigarra comestível. Quando, muitos anos mais tarde, fui parar, sabe lá Deus como, no Saara argelino e me serviram um prato de insetos fritos, pude recusá-lo com ar de sabichão, dizendo a meus anfitriões: "Sinto muito, sou alérgico ao *tongorí*". Meu dicionário, precavido, já me dera a palavra para nomear a nova experiência.

Aby Warburg, grande leitor de dicionários, definiu para todos nós o que chamou de "a lei do bom vizinho". Segundo Warburg, em muitos casos, o livro que procuramos não é aquele de que precisamos: a informação que queremos se encontra num discreto vizinho de prateleira. Pode-se dizer o mesmo das palavras de um dicionário. Na era digital, tenho a impressão de que os dicionários virtuais oferecem menos oportunidades desses felizes acasos que tanto orgulhavam o grande lexicógrafo Émile Littré. "Muitas vezes", confessou ele em sua autobiografia, "enquanto eu procurava determinada palavra, acontecia de a definição me interessar tanto que passava à seguinte, e depois à seguinte, como se tivesse nas mãos um romance qualquer."

É provável que ninguém suspeitasse dessas propriedades mágicas, naquela tarde quente há quase 3 mil anos, quando, em algum lugar da Mesopotâmia, um inspirado e anônimo antepassado gravou numa tabuleta de argila uma breve lista de palavras em acádio e seu significado, criando, assim, o que podemos considerar um dos primeiros dicionários do mundo. Para encontrar um dicionário um pouco mais parecido com os atuais, temos que esperar até o século I, quando Pânfilo de Alexandria compilou o primeiro léxico grego, colocando as palavras em ordem alfabética. Será que Pânfilo intuiu que entre seus descendentes haveria um sem-número de ilustres lexicógrafos dedicados a ordenar as palavras em idiomas ainda inimagináveis naquele tempo?

Sebastián de Covarrubias, na Espanha; Émile Littré, na França; o doutor Johnson, na Inglaterra; Noah Webster, nos Estados Unidos... Seus nomes tornaram-se sinônimos de suas eruditas criações. Hoje falamos em usar um *Langenscheidt* ou um *Collins*, ou de consultar um *Calepino*, epônimo daquele ambicioso italiano, Ambrogio Calepino, que, em 1502, compilou um gigantesco dicionário multilíngue digno do milagre da epifania. Lembro que uma vez, na casa de um amigo canadense, discutimos se a palavra *nevé* (que aparece num romance de Erckmann-Chatrian com o significado de "um amontoado de neve dura") provinha do Québec. Meu amigo chamou a esposa e lhe disse: "Querida, traz o Bélisle para a mesa!", como se estivesse convidando o próprio Louis-Alexandre Bélisle, autor do *Dictionnaire général de la langue française au Canada*, para jantar conosco. Acho que essa familiaridade nos diz algo importante sobre a relação de um leitor com seus dicionários.

Os criadores de dicionários são pessoas admiráveis que se deleitam, acima de qualquer outra coisa, com as próprias palavras. Por mais que o doutor Johnson tenha definido o lexicógrafo como "um inofensivo tarefeiro", os autores de dicionários são notoriamente apaixonados e fazem caso omisso das convenções sociais quando estão entregues a seu nobre trabalho.

Pensemos em James Murray, o idealizador do grande *Oxford English Dictionary*, que durante muitos anos recebeu milhares de exemplos textuais do primeiro registro de certas palavras, enviados por um cirurgião estadunidense radicado na Inglaterra, que Murray nunca conheceu, até por fim descobrir, com olímpica indiferença, que seu colaborador, além de ser um pesquisador talentoso, era um assassino psicótico domiciliado no manicômio de Broadmoor. Pensemos em Thomas Cooper, o erudito do século XVI que, durante muitos anos, compilou um importante dicionário latim-inglês. Quando estava na metade da obra, sua esposa, irritada porque ele ficava trabalhando até muito tarde, entrou em seu escritório, roubou seus apontamentos e jogou a papelada no fogo. "Contudo", conta o historiador John Aubrey, "aquele bom homem sentia tamanho fervor pela pesquisa filológica que retomou seu trabalho desde o princípio, persistindo nele até alcançar essa perfeição que nos deixou." E Aubrey conclui com admiração: "Como recompensa, foi nomeado bispo de Winton". Pensemos em Noah Webster, flagrado pela esposa nos braços de uma criada. "Doutor Webster", exclamou ela, "estou surpresa!" "Não, senhora", corrigiu ele. "Eu é que fui pego de surpresa. Você está espantada."

Os leitores de dicionários professam paixões semelhantes. Flaubert, grande leitor de dicionários, apontou ironicamente no seu *Dictionnaire des idées reçues*: "Dicionário: dizer que 'só serve para os ignorantes'". Enquanto escrevia *Cem anos de solidão*, García Márquez começava o dia lendo o *Diccionario de la Real Academia Española*, "que a cada nova edição", disse Paul Groussac numa frase que ficou famosa, *"fait regretter la précédente"*. Ralph Waldo Emerson lia o dicionário pelo prazer literário que lhe dava. "Não há hipocrisia num dicionário", dizia, "nem explicações supérfluas, e está cheio de sugestões, de matéria-prima para futuros poemas e narrações." Vladimir Nabokov encontrou, em Cambridge, um exemplar do *Dicionário de acepções da língua russa viva*, de Vladimir Dal, em quatro volumes, e decidiu ler dez páginas por dia, pois confessava que, longe de sua pátria, "o medo de perder ou corromper, por influência estrangeira, a única coisa que tinha resgatado da Rússia, seu idioma, tornou-se uma obsessão".

No mundo do alfabeto, a sequência convencional de letras constitui o esqueleto de um dicionário. A ordem alfabética possui uma refinada simplicidade que evita as hierarquias implícitas na maioria dos outros métodos. As coisas enumeradas no A não são nem mais nem menos importantes que as enumeradas no Z. O que pode acontecer, numa biblioteca, é que a disposição geográfica faça com que os livros A da prateleira mais alta e os livros Z da prateleira mais baixa recebam menos atenção que seus irmãos nas seções intermediárias. Jean Cocteau ponderou que um único dicionário bastaria para conter uma biblioteca universal, já que "cada obra-prima não é mais que um dicionário em desordem". É verdade: num desconcertante jogo de espelhos, todas as palavras utilizadas para definir uma determinada palavra num dicionário qualquer devem, elas mesmas, estar definidas nesse mesmo dicionário. Se somos, conforme acredito, a língua que falamos, os dicionários são nossas biografias. Tudo o que conhecemos, tudo o que sonhamos, tudo o que tememos ou desejamos, cada conquista, cada paixão, cada mesquinharia, está no dicionário.

O termo "dicionário" se confundiu com "enciclopédia", e agora se refere não apenas a inventários de palavras, mas também a repertórios temáticos de tudo o que existe no universo, incluindo o próprio universo. Na minha biblioteca, há dicionários de cozinha, de cinema, de psicanálise, de literatura alemã, de astrofísica, de heresias, de cores, de boas maneiras, do surrealismo, do Islã, de ópera, de provérbios, do Talmude, de aves do norte da Europa, de especiarias, do *D. Quixote*, de termos de encadernação, de lunfardo, de nuvens, de mitologia greco-romana, de expressões quebequenses, de arte africana, de dificuldades do francês, de santos e de demônios. Acho que há até um *Dicionário* ou *Guia de lugares imaginários*. Mas, na sua forma mais fiel, primordial e arquetípica, um dicionário é um elenco de palavras.

Devido ao simples fato de que um dicionário é, acima de tudo, uma compilação das peças fundamentais de determinado idioma, sua identidade principal não depende da sua apresentação. Suas encarnações mais antigas (o léxico de Pânfilo, por exemplo) não diferem essencialmente do modo como ele aparece nas páginas e telas de hoje em dia. Seja na forma de rolo (como no caso de Pânfilo) ou de um imponente conjunto de códices (como no *Oxford English Dictionary*), ou apresentado em janelas eletrônicas (como qualquer dicionário digital), o que o suporte escolhido dá ao dicionário são as características, privilégios e limitações de sua forma estabelecida. Em si mesmo, o dicionário é como uma fita de Moebius, um objeto autodefinido com uma única superfície, que recolhe e explica, sem pretensão de uma terceira dimensão narrativa. Somente quando é associado a um recipiente específico, o dicionário se transforma numa sequência de definições, ou numa enumeração de signos convencionais, ou na multifacetada história do nosso idioma, ou num repositório praticamente ilimitado de fragmentos de uma língua. São os leitores que, ao preferir uma forma a outra, ao escolher um códice impresso ou um texto virtual, reconhecem no dicionário alguma de suas múltiplas encarnações: como antologia, como catálogo hierárquico, como coleção de vocábulos, como memória paralela, como ferramenta de escrita e leitura. Um dicionário é todas essas coisas, mas não todas ao mesmo tempo.

Se os livros são registros das nossas experiências e as bibliotecas, depósitos da nossa memória, os dicionários são um talismã contra o esquecimento. Não são uma homenagem comemorativa à linguagem que falamos, o que cheiraria a cemitério, nem um tesouro, o que implicaria algo oculto e inacessível. Um dicionário, com sua intenção de registrar e definir é, em si mesmo, um paradoxo: por um lado, acumula o que a sociedade cria para seu próprio consumo na esperança de alcançar uma compreensão compartilhada do mundo; por outro, faz circular o que contém, para que as palavras antigas não morram no papel e as novas não fiquem marginalizadas nas periferias do idioma. O provérbio latino *verba volant, scripta manent* tem dois significados. Um é que as palavras que dizemos em voz alta têm o poder de alçar voo, enquanto as que estão escritas permanecem incólumes na página; o outro é que as palavras ditas se desvanecem no ar, enquanto as escritas adquirem vida nova quando um leitor as invoca. Num sentido prático, os dicionários recolhem nossas palavras tanto para preservá-las como para devolvê-las a nós, para nos permitir ver que nomes demos à nossa experiência ao longo do tempo, e também para descartar alguns desses nomes e incluir outros novos, num contínuo ritual de batismo. Nesse sentido, os dicionários servem de consolo: reafirmam e fortalecem a alma de um idioma.

Às vésperas da ditadura militar, María Elena Walsh compôs uma canção que dizia assim:

Tantas cosas ya se han ido
Al reino del olvido.
Pero tú quedas siempre a mi lado,
Pequeño Larousse Ilustrado.[3]

---

3 Tantas coisas já se foram/ para o reino do olvido./ Mas tu ficas sempre ao meu lado,/ *Pequeno Larousse Ilustrado*. [N.E.]

Autor, editor, leitor

A relação do escritor com seus leitores é uma questão de vida ou morte. Se o escritor for lido, vive; se não, morre. Nada nem ninguém influi nessa impiedosa decisão, salvo o leitor. O acaso, as listas de mais vendidos, as leituras obrigatórias das escolas, o fanatismo político ou religioso, a publicidade podem fazer com que, por algum tempo, assim como o estranho Monsieur Valdemar do conto de Poe, o escritor permaneça num estado de suspensão animada entre a vida e a morte, hipnotizado no umbral do reconhecimento. Mas, no fim das contas, sem a sustentada leitura do seu público, o escritor acabará, assim como Monsieur Valdemar, numa imunda e pútrida massa amorfa. *Sic transit gloria mundi*, graças ao capricho dos leitores.

A relação do escritor com seu editor é mais estranha, um pouco mais difícil e complexa que uma relação amorosa. Além da paixão e do ciúme, das infidelidades e delícias desta última, somam-se à primeira a intimidade intelectual e emocional que se estabelece entre ambos, bem como a dependência econômica que costuma condenar um ao outro – quase sempre o escritor ao editor, mas às vezes, raríssimas vezes, no sentido oposto: para cada Margaret Atwood há milhares e milhares de autores quase totalmente anônimos. Infelizmente, já que a indústria editorial, assim como qualquer outra nos dias de hoje, está sujeita à ganância devastadora dos investidores, poucos são os editores que ainda podem (ou querem) apoiar um escritor em sua carreira, e muitos os que exigem que escreva um *best-seller* atrás do outro.

O que era, em outros tempos, uma relação mais ou menos digna entre amantes da literatura se transformou, com honrosas exceções, numa relação entre cafetinas e prostitutas: quando estas não satisfazem mais os desejos dos clientes, são dispensadas sem consideração nem uma palavra de agradecimento. Conta a *Lenda dourada*, esse *best-seller* medieval, que um pai, pressionado por um agiota, estava prestes a vender suas três filhas para um prostíbulo, e que São Nicolau as resgatou mediante o pagamento de três bolas de ouro, essas mesmas que hoje são emblema das casas de penhor e que também deveriam ser do Fundo Monetário Internacional. O certo é que, durante séculos, ser editor significava ter a honra de publicar a obra de quem fazia literatura; hoje, em muitos casos – não todos, claro –, ser editor equivale a ser um comerciante a quem pouco importa a sorte de quem produz a mercadoria que ele despeja no mercado.

Uns seis meses antes de ganhar o Prêmio Nobel, Doris Lessing me escreveu uma carta desconsolada dizendo ter enviado seu novo romance e um par de novelas a seus editores ingleses e estadunidenses. Os primeiros lhe disseram que ela escrevia demais (isso para uma romancista octogenária), os segundos, que sua literatura tinha pouco interesse para as novas gerações. Depois do Nobel, claro, foi festejada e cortejada, mas Lessing nunca se esqueceu daquela desfeita.

A verdade é que, hoje, muitos escritores importantes recebem esse mesmo tratamento e só sobrevivem graças aos esforços de um punhado de editores de conduta persistentemente ética, uma espécie em vias de extinção. Agora os editores se baseiam nas vendas do último título publicado para decidir se continuarão ou não publicando seu autor, e a ideia de estimular uma obra penosamente construída ao longo dos anos, composta de livros maiores e menores, tanto os bem-sucedidos quanto os ignorados, não existe mais. Nos grandes grupos editoriais, não são mais os editores que tomam as decisões, e sim o departamento de *marketing*. Ser editor, hoje, é um ofício de mártires ou de loucos.

Poucos editores, claro, se dizem favoráveis às novas políticas comerciais; quase todos se proclamam defensores do escritor e da sua obra, mas o editor também tem que sobreviver, e os grandes grupos editoriais não são empresas filantrópicas, nem baluartes da intelectualidade. Michael Krüger, que não tem papas na língua, afirmou que essas mudanças no mundo editorial põem em risco não apenas nossas faculdades literárias, mas também "põem em risco nossa própria existência".

Desde o tempo do Gilgamesh, os escritores sempre se queixaram da mesquinharia dos leitores e da avareza dos editores. E, no entanto, todo escritor encontra, ao longo de sua carreira, alguns notáveis leitores e alguns generosos editores. "Vendi sete exemplares", diz o protagonista de *Nightmare Abbey*, de Thomas Love Peacock. "Sete é um número místico, e o augúrio é excelente. Se eu encontrar os sete leitores que compraram meus sete exemplares, serão como sete candelabros de ouro com que iluminarei o mundo inteiro." Sete leitores bastam, se forem os que merecemos. Sete editores também. Eu encontrei os meus e graças a eles pude sobreviver até agora.

Nem sempre houve editores. No início, a literatura dependia somente dos narradores e do seu público. Com a evolução das tecnologias, o narrador se transformou em escritor, e o escritor precisou de um artesão que lhe facilitasse a tarefa de reproduzir sua obra e distribuí-la a seus novos leitores. Nasceram assim as oficinas onde as tabuletas de argila eram copiadas, na Suméria, as livrarias onde eram vendidos os rolos de papiro, na Grécia e em Roma, os *scriptoria* onde eram escritos os códices, na Idade Média, e as imprensas que multiplicaram os livros, desde a invenção de Gutenberg até hoje, quando a eletrônica permite a cada um de nós ser um monstro tripartido, escritor, editor e leitor, tendo como únicas barreiras nosso próprio pudor e a censura de certas autoridades.

Ouvir um editor falar, hoje, é uma experiência muitas vezes tão comovente quanto escutar as recordações de velhos soldados que não sabem se sobreviverão à nova batalha que se anuncia. E, no entanto, como nas memórias de muitos soldados, costuma faltar algo:

o reconhecimento da própria responsabilidade. Sabemos como é difícil (para não dizer impossível) lutar contra os exércitos financeiros. Sabemos como é duro (para não dizer inútil) suportar as pressões cada vez maiores dos departamentos financeiros de uma editora. Sabemos como é desolador (para não dizer trágico) ver os leitores escolherem cada vez mais livros descartáveis e cada vez menos literatura. E, no entanto, também sabemos que esses dramas não acontecem (ou pelo menos não poderiam acontecer de modo tão rápido e avassalador) sem a colaboração envergonhada ou cega da maior parte daqueles que trabalham na indústria do livro. Editores que se contentam em publicar somente títulos de venda supostamente garantida, escritores que se autocensuram para se dobrar às exigências de um público idiotizado, críticos e resenhistas que não sugerem leituras inteligentes, mas que se limitam a resumir ou elogiar um livro, e, claro, leitores que aceitam ser tratados como imbecis incapazes de se interessar por um livro difícil são, em última instância, tão culpados quanto as anônimas instituições financeiras que estão nos destruindo.

Tenho certeza, porém, de que sobreviveremos. Mudarão certos instrumentos de escrita, mudarão certos modelos de leitura, mudarão certas técnicas editoriais, mas o ato literário não mudará em sua essência. Somos seres da palavra, nascemos com o dom da palavra, vivemos através da palavra, conhecemos e damos a conhecer nossa experiência pela palavra, e só quando morremos perdemos a palavra. E, dizem alguns, nem mesmo então: as almas que Dante encontra no além-túmulo continuam a falar.

Breve história das capas

Oscar Wilde afirmava que só as pessoas fúteis não julgam pelas aparências. Sua observação redime o leitor que, ofuscado pela quantidade de títulos que lhe são oferecidos sem pudor nas vitrines das livrarias, se deixa seduzir pelos que têm as capas mais vistosas ou mais originais, mais elegantes ou mais ousadas. Para quem não sabe nada sobre certo livro (título misterioso, autor desconhecido, editor ignorado), a capa ilustrada insinua o conteúdo, como numa espécie de charada iconográfica oferecida à perspicácia do leitor. Todos nós já compramos um livro pela capa, desde aquelas primeiras da editora Alianza que revolucionaram o *design* editorial com suas criações surrealistas até as mais recentes, engenhosamente elegantes, da pequena editora mexicana Almadía. Aos 20 anos, Truman Capote, precoce conhecedor das estratégias comerciais, fez questão de que a capa do seu primeiro livro, *Outras vozes, outros lugares*, trouxesse uma foto dele mesmo, deitado em seu divã, insinuante como uma odalisca. Não resta dúvida de que, sem diminuir os méritos literários do livro, foi essa capa que fez dele um *succès à scandale*.

No entanto, assim como os grandes sedutores, as capas também mentem. Como deduzir que uma mão feminina segurando negligentemente uma taça de champanhe corresponda, numa capa dos anos 1960, a *Madame Bovary*? Que relação certo capista argentino imaginou que podia haver entre continente e conteúdo quando resolveu ilustrar uma edição de *Macbeth* com uma paisagem alpina, incluindo vacas com seus chocalhos? E por que Borges (ou alguém parecido com

Borges) aparece de braço dado com um jovem *hippie* na capa de uma edição colombiana do *Lazarillo de Tormes*?

A história das capas é muito mais recente que a história do livro. O livro nasceu há cerca de 6 mil anos, na Mesopotâmia, sob forma de tabuletas de argila, geralmente conservadas em caixas de couro ou de madeira; as primeiras capas remontam apenas ao século V da nossa era, quando o códice de folhas costuradas começou a substituir quase por completo os desajeitados rolos de papiro. Os primeiros leitores de códices, assim como os leitores dos nossos textos eletrônicos, só levavam em conta o conteúdo do livro: a capa pouco importava. Durante muito tempo, as capas tiveram apenas uma função prática: proteger o livro que cobriam. Como os códices eram guardados deitados sobre as prateleiras, as capas às vezes tinham o título (ou o nome do autor) escrito na lombada ou na borda: essa vontade de identificação talvez tenha contribuído mais tarde para o desejo de decorá-las. Embora haja exemplos de capas decoradas nos séculos V e VI, o costume de dar à capa seu próprio valor estético só se estabeleceu séculos depois. Na alta Idade Média, e sobretudo no Renascimento, as capas transformaram o livro num objeto de luxo, e a encadernação foi reconhecida como uma arte em si mesma, a meio caminho entre a ourivesaria e a alta-costura.

Se a encadernação artesanal, ainda hoje, dá a um livro uma identidade única e particular, as capas impressas, sobretudo a partir do final do século XIX, passam a ilusão de uma uniformidade democrática. Curiosamente, porém, essa mesma uniformidade pode dar a um livro uma nova vida. Com outra capa, com outro *design*, certo texto torna-se original, adquire uma virgindade artificial. É assim que, depois de uma adaptação cinematográfica, os clássicos se disfarçam de *best-seller*, e um Brad Pitt reluzente de suor sorri na capa de uma nova edição da *Ilíada*.

Ao longo dos séculos, as capas mudam, multiplicam seus estilos, tornam-se mais complexas ou mais discretas, mais comerciais ou mais exclusivas. Seguem certos movimentos artísticos (as efusões neogóticas de William Morris ou as invenções tipográficas da Bauhaus), rendem-se a apelos comerciais (o *design* padronizado das coleções de bolso ou a identificação de certos formatos com a pseudoliteratura do *best-seller*), adotam e definem gêneros literários (as capas dos romances policiais ou de ficção científica dos anos 1950). Às vezes, os capistas querem ser mais literários que os autores do texto, e é assim que dão à luz capas em que o título do livro não aparece (a edição inglesa de *Agua*, de Eduardo Berti) ou é substituído pelo primeiro parágrafo da obra (a edição canadense de *Se um viajante numa noite de inverno*, de Calvino) ou o título e o nome do autor aparecem impressos de ponta-cabeça (uma edição alemã de *Viagem ao centro da Terra*, de Júlio Verne). Nesses casos, o leitor sente que a capa incorreu em algo assim como um crime de lesa-majestade.

Para seu leitor, a capa de um livro tem algo de documento de identidade, emblema e resumo do próprio livro, uma imagem que define e talvez até usurpa a autoridade do texto. Não lemos *D. Quixote*: lemos o *D. Quixote* que tem uma gravura de Gustave Doré na capa, ou o retrato de Cervantes, ou a sóbria tipografia dos Clásicos Castellanos, ou o azul axadrezado da Colección Austral. Entre todos esses (e muitos mais) está o meu *D. Quixote*: tem capa preta, letras brancas e uma gravura de Roberto Páez. Esse é, para mim, o autêntico *D. Quixote*.

O ponto

Minúsculo como uma bolinha de poeira, o ponto, essa mínima bicada da pena, essa migalha no teclado, é o esquecido legislador dos nossos sistemas de escritura. Sem ele, os sofrimentos do jovem Werther não teriam fim e as viagens do Hobbit jamais terminariam. Sua ausência permitiu a James Joyce tecer o *Finnegans Wake* num círculo perfeito e sua presença fez com que Henri Michaux pudesse comparar nosso ser essencial a essa partícula, "uma partícula que a morte devora". O ponto coroa a realização do pensamento, proporciona a ilusão de uma conclusão, possui certa altivez que se impõe, como Napoleão, com seu reduzido tamanho. Como estamos sempre ansiosos para começar, não pedimos nada que nos indique o começo, mas precisamos saber quando parar; esse diminuto *memento mori* nos lembra que tudo, nós incluídos, um dia teremos que parar. Como sugeria um anônimo professor inglês num tratado de gramática do século XIX, um ponto é "sinal de um sentido perfeito e de uma oração perfeita".

 A necessidade de indicar o fim de uma frase escrita é provavelmente tão antiga quanto a própria escrita, mas a solução, breve e maravilhosa, só foi estabelecida no Renascimento italiano. Por muitíssimos anos, a pontuação foi uma questão irregular. Já no primeiro século da nossa era, o autor espanhol Quintiliano (que não tinha lido Henry James) sustentava que uma oração, além de expressar uma ideia completa, tinha que poder ser pronunciada sem voltar a tomar fôlego. A forma como se marcava o final dessa oração era uma questão de gosto pessoal e, por muito tempo, os escribas pontuaram seus textos com toda espécie de sinais e símbolos, de um simples espaço em branco até uma variedade de pontos e linhas. No início do século V, São Jerônimo, tradutor da Bíblia, desenvolveu um sistema, conhecido como *per cola et commata*, no qual cada unidade de sentido era marcada com uma letra que sobressaía da margem, como se iniciasse um novo parágrafo. Três séculos depois, já se utilizava o *punctus*, tanto para indicar uma pausa na oração como para assinalar sua conclusão. Com essas convenções tão confusas, os autores não podiam esperar que o público lesse um texto com o sentido que eles quiseram lhe dar.

Até que, em 1566, Aldo Manuzio, o Jovem, neto do grande impressor veneziano a quem devemos a invenção do livro de bolso, definiu o ponto no seu manual de pontuação, o *Interpungendi ratio*. Com seu latim claro e inequívoco, Manuzio descreveu pela primeira vez seu papel e aspecto definitivo. Pensava preparar um manual para tipógrafos; não tinha como saber que estava legando a nós, futuros leitores, os dons do sentido e da música para toda a literatura posterior: Hemingway e seus *staccati*, Beckett e seus recitativos, Proust e seus longos *sostenuti*.

"Nenhum punhal", escreveu Isaac Babel, "pode ser cravado no coração com a força de um ponto no lugar certo". Em reconhecimento tanto do poder como do desamparo da palavra, nada tem sido tão útil para nós quanto essa manchinha fiel e definitiva.

Censura e sociedade

Desde seus remotos primórdios, a história do livro é iluminada pelas fogueiras dos censores. Digo mal: dizer "censores" implica que a destruição responde necessariamente a uma justificativa racional. A maioria desses crimes é cometida sem justificativa alguma: por ignorância, por esquecimento, por desleixo, por engano, por medo. A história do livro é desde sempre acompanhada pela história da sua destruição. E se há algo evidente nesse encontro do desejo de recordar com o desejo de destruir, é que a generosidade da memória nos obriga a conservar o relato das práticas do esquecimento.

Entre o início da palavra escrita e nossa era se estendem 6 mil anos de história que incluem, de ruína em ruína, a destruição dos arquivos da Suméria, o incêndio da biblioteca de Alexandria, as proibições dos faraós do Egito, os crimes dos biblioclastas da Grécia, o empenho dos drásticos imperadores da China em eliminar o passado, a obra dos censores de Roma, as obras pagãs aniquiladas pelos cristãos primitivos, as primeiras destruições das bibliotecas de Bagdá, e também as mais recentes, os livros muçulmanos e judeus expurgados na Espanha, os códices queimados no México, as fogueiras do Santo Ofício, as proibições da Inglaterra puritana, os incêndios e naufrágios de várias bibliotecas, as obras imorais ou blasfemas emparedadas no século XIX, o Holocausto nazista, os saques durante a Guerra Civil espanhola, as bibliotecas vitimadas pelas ditaduras do século XX, pelo terrorismo e pela guerra digital. É uma lista sombriamente tétrica. Todo levantamento desse tipo tem um quê de cemitério.

O que espanta não é a vontade de destruir livros, mas sua ubiquidade. Ela é comum a todas as culturas, a todas as épocas. Nem mesmo os próprios escritores são inocentes. Platão, segundo Diógenes Laércio, destruiu as obras de Demócrito; Descartes pediu a seus leitores que queimassem os livros anteriores a seu *Discurso do método*; David Hume exigiu o banimento de todos os manuais de metafísica; os futuristas propuseram a queima de todas as bibliotecas; na Colômbia, por volta de 1967, um grupo de poetas surrealistas queimou exemplares de *María*, de Jorge Isaacs; John Le Carré endossou a censura de *Os versos satânicos*, de Rushdie.

A tarefa dos destruidores de livros é colossal e nem sempre requer o fogo. Às vezes, basta abortá-los ou menosprezá-los. Na Espanha, o inquisidor-geral Andrés Pacheco, numa carta dirigida ao rei, datada de 25 de setembro de 1623, queixa-se da profusão de livros perniciosos e, precavido, pede que sejam censurados antes e não depois de serem impressos. Quase dois séculos mais tarde, a poeta Carolina Coronado escreveu uma carta a seu mentor, o dramaturgo Juan Eugenio Hartzenbusch, queixando-se do empenho da sociedade espanhola em proibir a leitura às mulheres, que "depois de terminar suas ocupações domésticas, devem retirar-se a mexericar com as amigas e não a ler livros que corrompem a juventude". Entre a queixa do inquisidor e a queixa da educadora estende-se a longa história do nosso medo dos livros.

Esse medo começa com nossas primeiras palavras escritas. Na Mesopotâmia, os escribas eram os únicos membros da sociedade que sabiam ler e escrever, isto é, os únicos que podiam não apenas conservar por escrito a memória da sociedade – suas leis, seus textos literários, suas crônicas históricas –, mas também eram os únicos que podiam lê-los, dá-los a conhecer. Esse poder, o de desentranhar o passado, o de declarar quais atos são avalizados por um decreto e quais não, tornava essas figuras temíveis e lhes outorgava um prestígio quase divino. Até os reis tratavam os escribas com consideração especial, para evitar que, sem o conhecimento do monarca, pudessem registrar um crime real ou interpretar de modo desfavorável à coroa um antigo decreto gravado há gerações numa tabuleta de argila.

Mas esse poder e esse prestígio não explicam por completo o temor que nossas sociedades nutrem pelos livros e seus leitores. Por que tanto medo? Talvez seja possível encontrar uma resposta na própria literatura.

No penúltimo capítulo de *Eugene Onegin*, de Púchkin, a apaixonada Tatiana visita a casa de campo do herói, ausente após seu duelo fatal com Lensky. Tatiana percorre a biblioteca do amado e, chorando muito, folheia seus livros à procura da "verdadeira personalidade" daquele homem aparentemente tão frio e insensível. Nas notas escritas à margem, em certa palavra críptica, num xis ou num ponto de interrogação, Tatiana acredita descobrir a fugidia imagem do verdadeiro Onegin, do Onegin definido por suas leituras. Porque Tatiana sabe que, para todo leitor, sua biblioteca é uma espécie de autobiografia.

Todo leitor se reflete em suas leituras de duas maneiras. Primeiro, porque a escolha dos títulos e a ordem em que se encontram revelam a lógica e a estética do leitor; segundo, porque as páginas obviamente lidas, marcadas com sinais e observações, apontam trechos em que esse leitor sentiu sua própria voz, suas próprias alegrias e temores, descobertos e traduzidos em palavras. Uma biblioteca (isto é, os livros que a compõem) não é simplesmente um armazém ou um depósito de volumes: é uma criatura viva, cambiante, poderosa, nascida para dar sentido ao mundo, que carrega secretamente a chave do seu leitor.

Darwin nos ensinou que cada ser vive no mundo de acordo com sua capacidade de reconhecimento e adaptação. O ser humano, diferentemente de outros, tem consciência de viver neste mundo e, para melhor percorrê-lo, conhecê-lo e sobreviver aos seus perigos, desenvolveu a capacidade de imaginá-lo, de reconstruí-lo, para viver suas experiências na mente antes de sofrê-las na própria pele. Lemos o livro do mundo como se cada um dos seus elementos nos contasse uma história, e inventamos histórias para saber como é o amor, a morte, o bem-estar, a desgraça, em muitos casos antes que aconteçam. Um leitor de *Moby*

Dick ou de *O castelo* sabe que nem toda busca deve atingir sua meta para triunfar; um leitor de *Germinal* ou de *D. Quixote* entende que um desenlace trágico não desmerece uma empresa justa; um leitor da *Ilíada* ou de *Soldados de Salamina* entende que a sorte do inimigo e sua própria sorte podem (talvez devam) se confundir. Sem as soluções fáceis de um catecismo ou de um dogma, a leitura literária nos ajuda a conhecer o mundo.

Curiosamente, desconfiamos desse conhecimento, tememos o que ele possa nos revelar, e preferimos acreditar na realidade de símbolos sem conteúdo. Os números financeiros que percorrem, como no sonho de um matemático enfeitiçado, os painéis da bolsa de valores e das casas de câmbio – números que supostamente são a encarnação de colossais somas de dinheiro nunca vistas nem tocadas – têm mais peso e força na nossa imaginação coletiva que as pessoas e façanhas concretamente simbólicas, arraigadas em conhecimentos ancestrais e intuições, como Julieta e sua eterna história de amor, ou como Aquiles e sua eterna Guerra de Troia. Estatísticas recentes revelaram que os jovens de hoje reconhecem 10 mil nomes de produtos comerciais, enquanto praticamente desconhecem os vocabulários mitológicos, literários e artísticos. As grandes maquinarias econômicas e financeiras que regem nossas sociedades encorajam a aprendizagem desses vocabulários de propaganda e querem nos fazer esquecer os outros, inquietantes e profundos, que poderiam levar à reflexão e à recusa dos valores comerciais. A sociedade de consumo não tolera os leitores, os verdadeiros leitores: quer apenas leitores diletantes, consumidores de papinha de bebê, pessoas convencidas de que não são suficientemente inteligentes para ler a chamada literatura séria. Essa é outra forma de censurar os livros: fazer-nos acreditar que não os merecemos.

Outro exemplo: um dos sonhos mais antigos da humanidade é o de uma máquina social perfeita que separe infalivelmente o bom do mau, eliminando o que é nocivo e preservando somente o que é saudável. Essa ansiada cidade encontra-se sempre num passado imaginário ou num futuro fantástico. "Porque não temos aqui cidade permanente", escreveu São Paulo aos hebreus, "mas estamos à procura da cidade que está para vir." A filosofia e a religião tentaram, repetidas vezes, definir essa cidade "que está para vir"; em muitas ocasiões acreditamos que suas muralhas estavam quase ao nosso alcance, logo além do horizonte, e desde o início dos tempos nossas histórias tentaram nos dizer como ela é. No começo do século XX, Jack London, autor de magníficos romances de aventura e de ficção científica, escreveu em sua autobiografia:

> Espero ansiosamente o dia em que o homem avance impelido por algo mais digno e elevado que seu estômago, um tempo em que exista melhor incentivo para a ação que o incentivo atual do estômago. Mantenho minha fé na integridade e excelência do ser humano. Creio que a nobreza de espírito e o desinteresse vencerão a vulgar glutonaria de hoje.

Leitor precoce do *Manifesto comunista*, membro do Partido Socialista (que abandonou, mais tarde, "por sua falta de combatividade e sua perda de interesse pela luta de classes"), London sonhou longamente com essa maquinaria social perfeita. Talvez por ter compreendido que seu sonho era impossível, assim que completou 40 anos, na noite de 21 de novembro de 1916, na luxuosa mansão californiana que tinha adquirido com seus polpudos direitos autorais, Jack London resolveu se suicidar. Pensando que assim precipitaria o fim, ingeriu doses letais de duas substâncias diferentes. O efeito foi o oposto do esperado: uma das drogas anulou os efeitos da outra, e London agonizou por mais de vinte e quatro horas.

Entre seus escritos inacabados foram encontrados um romance e umas poucas anotações para seu possível final. Tinha um título esplêndido, *Assassinatos, S.A.*, e tratava de uma máquina social tão perfeitamente projetada contra os inimigos da sociedade que só podia ser detida se seu criador fosse destruído. Seu inventor era um tal Ivan Dragomiloff, criador de uma sociedade secreta especializada em assassinatos por encomenda. As vítimas potenciais, porém, não podem ser simplesmente desafetos do cliente. Quando um nome é proposto, Dragomiloff realiza uma investigação sobre a conduta e a personalidade do escolhido. Somente se, conforme seu critério, o assassinato "se justifica do ponto de vista social" ele dá a ordem de agir. Um inimigo da sociedade só será inimigo se Dragomiloff assim o julgar.

A empresa de Dragomiloff é uma maquinaria absolutamente eficiente. Uma vez encomendado o assassinato e pago o preço estipulado, o cliente deve esperar que os subordinados de Dragomiloff ofereçam provas definitivas da falta de ética da vítima. Esta pode ser um chefe de polícia brutal, um empresário explorador, um banqueiro ambicioso, uma senhora da aristocracia: em todos os casos, deve ficar demonstrado, sem lugar a dúvidas, que essa pessoa é nociva à sociedade. Se a prova não for suficiente, ou se a vítima morrer acidentalmente, devolve-se o dinheiro ao cliente, depois de descontar dez por cento para cobrir as despesas administrativas. Mas, depois que Dragomiloff decide que a vítima merece a morte, não há mais volta. "Uma vez dada a ordem", explica, "é como se já tivesse sido cumprida. Não podemos funcionar de outra maneira. Temos nossas regras, entende?"

Mas eis que acontece algo inesperado. Com o propósito de desmantelar a organização, um jovem empresário apresenta uma solicitação excepcional. Reúne-se com Dragomiloff e paga o preço do assassinato de um importante personagem público cujo nome não fornece. Só quando aquele aceita o pedido (sob a condição, naturalmente, de que se demonstre que o personagem é de fato culpado), o jovem revela o nome da vítima, que não é outro senão o próprio Dragomiloff, o qual aceita a solicitação do seu próprio assassinato. Ele criou uma maquinaria social tão eficiente que seu objetivo, a eliminação por encomenda de personagens indesejáveis, está acima até mesmo da vida de seu criador.

A narração de Jack London, escrita há mais de um século, hoje soa curiosamente contemporânea. Não porque sugira que se possa criar uma organização para eliminar os que consideramos prejudiciais à sociedade, mas pela ideia de que uma maquinaria social pode ser tão perfeita no seu fanatismo que só pode ser destruída se seu criador também o for. Mesmo sob o risco de levar a comparação longe demais, acredito que a organização de Dragomiloff ganhou uma reencarnação moderna. Acredito que, hoje em dia, permitimos a construção de grande número de maquinarias formidáveis que, como a de London, são multinacionais e anônimas, mas cujo propósito não é depurar a sociedade por meio do assassinato (um objetivo censurável, sem dúvida), e sim obter o maior lucro possível para um pequeno grupo de indivíduos, sem levar em conta o prejuízo que causam à sociedade; maquinarias protegidas por trás de uma tela de incontáveis acionistas anônimos. Sem se importar com as consequências, essas maquinarias invadem todos os campos da atividade humana e procuram, em toda parte, o benefício financeiro: mesmo que à custa da vida humana. Da vida de todos, já que, no fim das contas, nem sequer os mais ricos, nem os mais poderosos sobreviverão à exploração do nosso planeta. A crise que hoje atinge tantos países, incluindo a Espanha, na esteira do desfalque de Wall Street, confirma essa moral atroz.

O médico holandês Bernard de Mandeville, que clinicou na Inglaterra no início do século XVIII, publicou, em 1714, um ensaio que intitulou *A fábula das abelhas, ou Vícios privados, benefícios públicos*, no qual sustentava que o sistema de ajuda mútua, que permite à sociedade funcionar como uma colmeia, alimenta-se da paixão dos consumidores por adquirir coisas de que não necessitam. Uma sociedade virtuosa, afirmava Mandeville, na qual só as exigências básicas fossem atendidas, careceria de indústria e de cultura e, portanto, entraria em colapso, por falta de empregos. Mandeville era escritor e conhecia o uso da ironia e o conceito de fábula.

A sociedade de consumidores que triunfou dois séculos depois tomou os sarcásticos argumentos de Mandeville ao pé da letra. Ao adular os sentidos, ao valorizar a posse em detrimento da necessidade, alterou totalmente a noção de valor que, de acordo com os códigos da publicidade comercial, transformou-se não na medida das qualidades de um objeto ou do serviço prestado, mas na mera percepção desse valor, baseada em quanto esse objeto ou serviço são promovidos, no alcance da sua marca. No mundo dos consumidores, o *esse est percipi* de Berkeley tem um significado diferente do que o bom bispo pretendia atribuir-lhe. A percepção está na raiz do ser, porém as coisas adquirem determinado valor não porque sejam necessárias, mas por serem percebidas como necessárias. O desejo transforma-se, portanto, não na origem, mas no produto final do consumo.

A literatura (que ainda acredita em valores mais sólidos e antigos) nos conta que existe um mundo melhor e mais feliz um pouco além do nosso alcance, em outro tempo e lugar, na fabulosa Idade de Ouro evocada por D. Quixote ou no futuro descrito pela ficção científica. No filme *2001, uma odisseia no espaço*, de Stanley Kubrick, o mundo a que tentamos chegar encontra-se em Júpiter. Para atingir esse objetivo, a humanidade construiu uma espaçonave controlada por HAL 9000, um supercomputador programado para conduzir a nave ao seu destino, com instruções precisas para eliminar qualquer obstáculo que possa encontrar pelo caminho. HAL, uma máquina dotada de inteligência artificial, é capaz de falar e reagir como um ser humano e pode até simular emoções. Contudo, diferentemente dos seres humanos, supõe-se que seja incapaz de cometer um erro.

A certa altura da viagem, HAL anuncia que algo não está funcionando no sistema de comunicação da nave. Um dos tripulantes, Bowman, sai para consertar a avaria; na Terra, os controladores, perplexos, deduzem que o computador deve ter se enganado. Bowman e outro membro da tripulação decidem desligá-lo para evitar mais problemas, mas, apesar de suas precauções, HAL descobre o plano, elimina o companheiro de Bowman e corta o fornecimento de oxigênio de quatro outros tripulantes. Bowman, o único que pode agora se opor ao computador, percebe que o "erro" de HAL era deliberado. Programado para fazer com que a nave chegasse a seu destino "a todo custo", HAL chegara à conclusão de que o maior obstáculo para o cumprimento da missão era a falibilidade da inteligência humana e, como os programadores não haviam incluído em sua mente a proibição de matar, decidira eliminar a fonte de todo possível erro: os seres humanos.

Assim como a organização de Jack London, HAL é uma máquina à prova de falhas, construída para atingir a meta desejada "a todo custo", mesmo que isso signifique a morte do seu criador. A estrutura mercantil que criamos como motor da nossa sociedade é tão perfeita quanto essas construções imaginárias, e igualmente letal. Demos a ela a ordem de atingir um objetivo – gerar lucro a todo custo – e nos esquecemos de gravar em sua memória esta advertência: exceto à custa da nossa vida. Para a enorme maquinaria econômica que controla todos os aspectos das nossas sociedades, assim como para um Dragomiloff, capaz de julgar tudo, ou um HAL tecnicamente perfeito, nós – os leitores, os que ainda frequentamos bibliotecas e amamos os livros – somos os inimigos. A situação que vivemos hoje é a prova disso. Essa parece ser a identidade que merecemos.

Obviamente não é assim. Todos podemos ser leitores, no sentido mais amplo da palavra. Todos somos capazes de reconhecer, nas palavras forjadas por escritores de gênio, nossas vicissitudes e nossos sonhos; de encontrar, num texto alheio, aquela biografia que Tatiana procurava nos livros do seu amado ausente.

Todo leitor, em geral quando criança, faz uma descoberta fundamental: que o lobo que ameaça Chapeuzinho *é* e, ao mesmo tempo, *não é* um animal feroz e real, que Chapeuzinho *é* e, ao mesmo tempo, *não é* o próprio leitor que a segue pela página, que o lenhador que resgata a menina *é* e ao mesmo tempo *não é* uma promessa de redenção. Esse entendimento duplo do mundo, essa descoberta de que a inteligência e a imaginação de cada um de nós são os instrumentos mais precisos para desentranhar o mistério que nos rodeia, essa revelação que nos é dada através de palavras que narram uma história inventada, mas que sabemos nossa, concreta e verdadeira, isso é algo que só os livros, magicamente, podem nos dar. Aceitar ou não essa dádiva depende de nós, como depende de nós morrermos afogados na estupidez que nos espreita ou sobrevivermos iluminados no mundo.

A literatura pode nos oferecer fábulas exemplares e perguntas cada vez mais amplas e perspicazes. Mas nenhuma literatura, nem sequer a melhor nem a mais robusta, pode nos salvar da nossa própria loucura. Romances, poemas, roteiros cinematográficos não podem nos proteger do sofrimento ou do "erro" deliberado, das catástrofes naturais ou artificiais causadas por nossa própria cobiça suicida. A única coisa que a literatura pode fazer é, às vezes, milagrosamente, narrar essa loucura e essa cobiça e nos lembrar que devemos nos manter alerta diante de tecnologias financeiras e comerciais cada vez mais perfeitas e autossuficientes. Por isso os ditadores políticos e financeiros a temem tanto. Porque a literatura pode oferecer consolo para o sofrimento e palavras para dar nome às nossas experiências, pode nos dizer quem somos, pode nos ensinar a imaginar um futuro em que, sem exigir um convencional final feliz, possamos permanecer vivos, juntos, nesta terra maltratada.

Falei do medo dos livros, de leituras secretas, de maquinarias construídas para que não sejamos leitores, ou para que só o sejamos de modo trivial, inócuo. Qual o sentido de resenhar esse medo, essas estratégias contra a inteligência? É a crônica de uma arte que morre, ou a declaração de princípios de uma arte que se nega a desaparecer? Creio que esta última. As ameaças lançadas contra o livro a partir dos tronos dos reis, dos púlpitos dos inquisidores, das poltronas dos presidentes, dos escritórios da indústria digital, só fizeram, ao que parece, reavivar nosso reconhecimento da leitura como atividade essencial do ser humano. Que os leitores sejam poucos, que muitos leiam mal, que a maior parte confunda propaganda com literatura – que importa tudo isso, desde que a arte de ler continue, que o livro perdure, que a literatura nos ajude a ser um pouco mais felizes e um pouco menos idiotas?

Como Pinóquio aprendeu a ler

> As pessoas não imaginam o tempo e o esforço
> que são necessários para aprender a ler.
> Eu venho tentando há oitenta anos, e ainda
> não posso afirmar que tenha conseguido.
> Goethe, *Conversas com Eckermann*

A primeira vez que li *As aventuras de Pinóquio*, de Carlo Collodi, foi há muito tempo, em Buenos Aires, quando eu tinha 8 ou 9 anos, numa tradução imprecisa para o castelhano, com os desenhos originais de Mazzanti, em preto e branco. Só algum tempo depois assisti ao desenho da Disney e percebi com irritação as mil mudanças que ele introduziu: o asmático "Tubarão" que engoliu Gepetto foi transformado em "Monstro, a Baleia"; o Grilo Falante, em vez de desaparecer e reaparecer, adotou o nome de Jiminy e vivia no encalço de Pinóquio com seus bons conselhos; o resmungão do Gepetto era agora um velhinho simpático, com um peixinho chamado Cleo e um gato chamado Fígaro. E a maioria dos episódios mais memoráveis não estava lá. Por exemplo, em nenhum lugar Disney mostrava Pinóquio (na cena do livro que, para mim, é a mais digna de um pesadelo) presenciando a própria morte quando, depois de se recusar a tomar um remédio, vê quatro coelhos "pretos como nanquim"[4] entrarem em seu quarto carregando

---

4 Carlo Collodi, *As aventuras de Pinóquio*, trad. Sérgio Molina, São Paulo: Companhia das Letras/Penguin Classics, no prelo. [N.E.]

um pequeno caixão de defunto, para buscá-lo. Na versão original, a passagem do Pinóquio de madeira ao de carne e osso era para mim uma busca tão emocionante quanto a de Alice tentando sair do País das Maravilhas ou a de Ulisses tentando regressar à sua amada Ítaca. Só nas últimas páginas, quando Pinóquio obtém sua recompensa e se transforma num "lindo garoto de cabelos castanhos e olhos azuis", foi que eu senti alguma alegria, mas mesmo assim misturada com uma estranha insatisfação.

Naquele tempo eu não sabia disso, mas acho que amei *As aventuras de Pinóquio* por serem aventuras de aprendizagem. A saga do boneco é a da educação de um cidadão, o velho paradoxo da pessoa que quer ser aceita na sociedade normal enquanto, ao mesmo tempo, tenta descobrir quem ela é na verdade, não como parece aos olhos dos outros, mas aos seus próprios. Pinóquio quer ser "um menino de verdade", mas não um menino qualquer, não uma versão obediente e em miniatura do cidadão ideal. Pinóquio quer ser o que ele é por baixo da madeira pintada. Infelizmente (porque Collodi interrompe a educação de Pinóquio antes dessa epifania), ele não realiza seu desejo por completo. Pinóquio se transforma num bom garoto que aprendeu a ler, mas nunca chega a ser um leitor.

Logo nas primeiras páginas, Collodi instala um conflito entre Pinóquio, o rebelde, e a sociedade da qual ele quer fazer parte. Antes mesmo de adquirir a forma de boneco, já se revela um pedaço de madeira rebelde. Não aceita "ser visto e não ser ouvido" (lema que se aplicava às crianças do século XIX) e provoca uma briga entre Gepetto e seu vizinho (outra das cenas excluídas por Disney). Pouco depois, faz birra quando vê que não há nada para comer além de umas poucas peras e, quando pega no sono junto ao fogo e queima os pés, espera que Gepetto (o representante da sociedade) entalhe um novo par para ele. Nada mais justo: faminto e aleijado, Pinóquio, o rebelde, não se conforma em ficar sem alimento e inválido numa sociedade que deveria garantir sua alimentação e seu tratamento médico. Mas também tem consciência de que suas demandas à sociedade devem ser correspondidas. Portanto, depois de receber comida e pés novos, declara a Gepetto, para retribuir o que o velho fez por ele: "Prometo ir à escola, estudar muito e tirar boas notas".

Na sociedade de Collodi, a escola é o lugar onde a pessoa começa a provar que é responsável. É o centro de treinamento para se tornar alguém capaz de "pagar" a atenção e os cuidados da sociedade. Pinóquio resume a questão da seguinte maneira:

> Hoje, na escola, quero logo aprender a ler; amanhã vou aprender a escrever e depois de amanhã vou aprender a contar. E vou ser tão bom em tudo que vou ganhar um dinheirão, e com o primeiro dinheiro que me entrar no bolso vou mandar fazer um belo casaco de lã para o papai. De lã, nada! Vai ser todo em ouro e prata e com botões de brilhantes. Aquele pobre homem bem que merece; pois, para me comprar livros e me dar estudo, ficou em mangas de camisa... nesse gelo!

Isso porque, para comprar uma cartilha para Pinóquio (imprescindível para ir à escola), Gepetto vendeu seu casaco. Gepetto é pobre, mas na sociedade de Collodi a educação exige sacrifício.

Portanto, o primeiro passo para se tornar um cidadão é aprender a ler. Mas o que significa exatamente "aprender a ler"? Muitas coisas.

- Primeiro, o processo mecânico de aprender o código de escrita em que a memória da sociedade é registrada.
- Segundo, o aprendizado da sintaxe que rege esse código.
- Terceiro, o aprendizado de como os registros nesse código permitem conhecer, de maneira profunda, imaginativa e prática, nossa própria identidade e a do mundo que nos rodeia.

Esse terceiro aprendizado é o mais difícil, o mais perigoso e o mais poderoso; e é o que Pinóquio nunca conseguirá completar. Pressões de todo tipo – as tentações com que a sociedade o desvia da sua meta, as agressões e a inveja dos colegas, os frios conselhos dos seus preceptores morais – impõem a Pinóquio uma série de obstáculos praticamente intransponíveis no caminho para se tornar um leitor de verdade.

Os governos sempre demonstraram uma opinião não muito entusiástica da atividade da leitura. Não por acaso, nos séculos XVIII e XIX, foram baixadas leis proibindo o ensino da leitura aos escravos, mesmo que fosse da Bíblia, já que (como se argumentava com razão) a pessoa que pudesse ler a Bíblia poderia também ler um panfleto abolicionista. Os esforços e os estratagemas que os escravos desenvolveram para aprender a ler são prova suficiente da relação entre a liberdade civil e o poder do leitor, bem como do temor que essa liberdade e esse poder infundem em todo tipo de governantes.

Nas sociedades que se definem como democráticas, porém, antes de considerar o aprendizado da leitura, as leis têm de contemplar um conjunto de necessidades básicas: alimento, moradia, cuidado médico. Num comovente ensaio sobre sociedade e educação, Collodi expressou a seguinte opinião sobre as pressões dos republicanos italianos para instaurar no país um sistema de escolarização obrigatória: "A meu ver, até agora pensamos mais na cabeça que no estômago das classes que sofrem e passam necessidade. Pensemos agora um pouco mais no estômago". Pinóquio, que não ignora a fome, tem plena consciência dessa precondição. Quando imagina o que faria se tivesse 100 mil moedas e se fosse, portanto, um cavalheiro muito rico, sonha com um grande palácio com uma biblioteca "cheia de frutas glaceadas e tortas, de panetones, rosquinhas de amêndoa e biscoitos com creme". Os livros, como Pinóquio bem sabe, não enchem barriga. Quando os travessos colegas de Pinóquio atiram contra ele seus livros com tão má pontaria que eles caem no mar, um cardume de peixes sobe à superfície para mordiscar as páginas encharcadas, mas logo as cospem fora, exclamando: "Isto aqui não é para o nosso bico! Nosso rancho é bem melhor!". Numa sociedade em que as necessidades básicas dos cidadãos não são satisfeitas, os livros são um pobre alimento; mal usados, podem ser mortais. Quando um dos garotos arremessa contra Pinóquio um grosso e encadernado *Tratado de aritmética* que, em vez de acertar o boneco, bate na cabeça de outro rapaz, este morre com a pancada. Quando não é usado, quando não é lido, o livro é uma arma letal.

Se a sociedade estabelece um sistema para satisfazer esses requisitos básicos e instaurar a educação obrigatória, também oferece a Pinóquio distrações desse sistema, tentações de entretenimento que não exigem pensamento nem esforço. Primeiro, personificadas na Raposa e no Gato, que lhe dizem que a escola os invalidou, deixando a primeira manca e o segundo cego; depois, na criação do País da Brincadeira, que Pavio, o amigo de Pinóquio, descreve com estas palavras sedutoras: "Sem escolas, sem professores, sem livros [...]. Isso que é país bom! Como deveriam ser todos os países civilizados!". Na mente de Pavio, os livros, com razão, são associados com a dificuldade, e a dificuldade (tanto no mundo de Pinóquio como no nosso) adquiriu um sentido negativo que nem sempre teve. A expressão latina *per ardua ad astra*, "através das dificuldades chega-se às estrelas", é quase incompreensível para Pinóquio (assim como para nós), pois ele espera que tudo possa ser conseguido com o mínimo esforço possível.

Por outro lado, a sociedade não estimula essa busca necessária da dificuldade, essa acumulação de experiência. Depois que Pinóquio sofre suas primeiras desventuras e por fim entra na escola disposto a se tornar um bom aluno, os outros garotos começam a atacá-lo por ser o que hoje em dia chamaríamos um cê-dê-efe, ou um *nerd*, e caçoam dele por prestar atenção ao professor. "Falou como um livro!", dizem quando ele se defende. A linguagem pode permitir ao falante permanecer na superfície do pensamento, repetindo lemas dogmáticos e lugares-comuns em branco e preto, transmitindo mensagens em vez de significados, pondo o peso epistemológico no ouvinte (como na frase "você sabe do que estou falando"). Ou pode ajudá-lo a recriar uma experiência, dar forma a uma ideia, explorar profundamente, e não apenas na superfície, a intuição de uma revelação. Para os outros garotos, essa distinção é invisível. Para eles, o fato de Pinóquio "falar como um livro" basta para estigmatizá-lo como marginal, como um traidor, um recluso em sua torre de marfim.

A sociedade, por fim, põe no caminho de Pinóquio uma porção de personagens que devem servir como guias morais, como Virgílios em sua exploração dos círculos infernais deste mundo. O Grilo Falante, que Pinóquio esmaga contra a parede num dos primeiros capítulos, mas que sobrevive milagrosamente e reaparece muito mais tarde, para ajudá-lo; a Fada de Cabelo Anil, que primeiro se apresenta sob a forma de uma linda menina de cabelos azuis numa série de encontros alucinados; o Atum, um filósofo estoico que aconselha, quando se encontra com Pinóquio no ventre do monstro marinho, a "resignar-nos e esperar até sermos digeridos pelo Cão do Mar". Mas todos esses "professores" abandonam Pinóquio às suas próprias aflições, pouco dispostos a acompanhá-lo nos momentos de desespero e angústia. Ninguém o ensina a refletir sobre sua própria condição, ninguém o anima a investigar o que significa seu desejo de "virar um menino". Como se recitassem cartilhas sem encorajar leituras pessoais, essas figuras magistrais só estão interessadas na aparência acadêmica do ensino, em que a atribuição de papéis – professor *versus* aluno – supostamente bastaria para que o "aprendizado" se consumasse. Como professores, são ineptos, pois acreditam que só devem prestar contas à sociedade, e não ao aluno.

Apesar de todas essas limitações – as distrações, o menosprezo, o abandono –, Pinóquio consegue galgar os dois primeiros degraus da escala social de aprendizagem: aprende o alfabeto e aprende a ler a superfície de um texto. É nesse ponto que ele para. A partir desse momento, os livros se tornam lugares neutros nos quais exercitar aquele código aprendido com o propósito de, no fim, extrair uma moral convencional. A escola o preparou para ler propaganda.

Como Pinóquio não aprendeu a ler em profundidade, a mergulhar num livro e explorá-lo até seus limites às vezes inalcançáveis, nunca saberá que suas próprias aventuras têm fortes raízes literárias. Sua vida (ele não sabe) é de fato uma vida literária, um composto de antigas histórias nas quais ele poderia um dia (se aprendesse a ler de verdade) reconhecer sua própria biografia. Em *As aventuras de Pinóquio* ecoa uma multidão de vozes literárias. É um livro sobre a busca de um pai pelo filho e a busca de um filho pelo pai (uma subtrama da *Odisseia* que Joyce mais tarde exploraria); sobre a busca de si mesmo, como na metamorfose física do herói de Apuleio em *O asno de ouro* e na metamorfose psicológica do príncipe Hal em *Henrique IV*; sobre sacrifício e redenção, como ensinam as histórias da Virgem Maria e as sagas de Ariosto; sobre os arquetípicos ritos de passagem, como nos contos de fadas de Perrault (que Collodi traduziu) e na terrenal *Commedia dell'Arte*; sobre as viagens ao desconhecido, como nas crônicas dos exploradores do século XVI e em Dante. Como Pinóquio não vê os livros como fonte de revelações, os livros não lhe devolvem, refletida, sua própria experiência. Vladimir Nabokov, quando ensinava seus estudantes a lerem Kafka, apontava que, na verdade, o bicho no qual Gregor Samsa se transforma é um besouro alado, um inseto que tem asas escondidas sob a couraça do seu dorso, e que, se Gregor descobrisse esse detalhe, poderia ter fugido. E Nabokov completava: "São muitos os jovens que crescem como Gregor, sem saber que eles também têm asas e podem voar".

Pinóquio tampouco teria notado esse detalhe se topasse com *A metamorfose*. A única coisa que lhe restou fazer, depois de aprender a ler, foi repetir a cartilha como um papagaio. Ele assimila as palavras que estão na página, mas não as digere: os livros não passam a ser realmente seus, porque ele, no final das suas aventuras, continua sendo incapaz de aplicá-los à sua própria experiência. O aprendizado do alfabeto o leva, no último capítulo, a assumir uma identidade humana e a olhar com risonha satisfação para o boneco que ele deixou de ser. Num volume que Collodi nunca escreveu, porém, Pinóquio continua tendo que se confrontar com a sociedade com uma linguagem imaginativa que os livros poderiam lhe ensinar através da memória, da associação, da intuição, da imitação. Depois da última página, Pinóquio afinal está pronto para aprender a ler.

Essa experiência superficial de leitura que Pinóquio chega a aprender é exatamente o oposto da vivida por outro herói (ou heroína) errante. No mundo de Alice, a linguagem recupera sua ambiguidade rica e essencial, e qualquer palavra (segundo Humpty Dumpty) pode ser usada pelo falante para dizer o que deseja. Embora Alice conteste essas hipóteses arbitrárias ("Mas 'glória' não significa 'um belo e demolidor argumento'"[5], diz ela ao presunçoso Humpty Dumpty), essa embaralhada epistemologia é regra no País das Maravilhas. Se no mundo de Pinóquio o significado de uma história impressa é inequívoco, no mundo de Alice o significado de "Jabberwocky", por exemplo, depende da vontade do leitor. (Talvez seja bom lembrar que Collodi escrevia numa época em que, pela primeira vez, se estabelecia oficialmente a língua italiana, escolhida entre numerosos dialetos, enquanto o inglês de Lewis Carroll tinha sido "fixado" muito tempo antes, e o idioma podia ser explorado e questionado com relativa segurança.)

Quando falo em "aprender a ler" (no sentido mais pleno que mencionei acima), refiro-me a algo que se encontra entre esses dois estilos e essas duas filosofias. A escola de Pinóquio responde às restrições da escolástica que, até o século XVI, era o método oficial de aprendizagem na Europa. Na sala de aula escolástica, partia-se do pressuposto de que o estudante devia ler de acordo com o que ditava a tradição, seguindo comentários preestabelecidos e aceitos como autoridade. O método de Humpty Dumpty é um exagero das interpretações humanistas, um ponto de vista revolucionário segundo o qual cada leitor ou leitora deve abordar o texto nas condições que ele ou ela impõe. Umberto Eco limitou de forma útil essa liberdade do leitor ao apontar que "os limites da interpretação coincidem com os limites do senso comum", ao que, obviamente, Humpty Dumpty poderia responder que, para ele, "senso comum" pode não significar o mesmo que para Umberto Eco.

---

5 Lewis Carroll, *Alice – Edição definitiva comentada e ilustrada: Aventuras de Alice no País das Maravilhas & Através do espelho*, trad. Maria Luiza X. de A. Borges, Rio de Janeiro: Zahar, 2013. [N.E.]

Mas, para a maioria dos leitores, o conceito de "senso comum" conserva certa clareza compartilhada que deveria bastar. "Aprender a ler", portanto, consiste em adquirir os meios para apropriar-se de um texto (como faz Humpty Dumpty) e participar das apropriações de outros (como poderia ter sugerido o professor de Pinóquio). É nesse campo ambíguo entre a posse e o reconhecimento, entre a identidade imposta por outros e a identidade descoberta por cada um, que se encontra, acredito, o ato de ler.

Há um feroz paradoxo no seio de todo sistema escolar. Uma sociedade deve transmitir a seus cidadãos o conhecimento dos códigos que a regem, de modo que todos possam participar ativamente dela; mas o conhecimento desses códigos, além da mera capacidade de decifrar um *slogan* político, um anúncio publicitário ou um manual de instruções, permite a esses mesmos cidadãos questionarem a sociedade, exporem seus males e buscarem uma mudança. O mesmo sistema que permite o funcionamento da sociedade faculta o poder de subvertê-la, para o bem ou para o mal. Portanto, o professor ou a professora, a pessoa que essa sociedade incumbe de ensinar a seus novos membros os segredos de suas linguagens compartilhadas, torna-se, na realidade, um perigo, um Sócrates capaz de corromper os jovens, alguém que, por um lado, deve continuar ensinando indefectivelmente e, por outro, tem que se submeter às leis da sociedade que lhe atribuiu essa função. Submeter-se até o extremo da autodestruição, como aconteceu com Sócrates. Um professor sempre estará preso a estas duas exigências: por um lado, ensinar os estudantes a pensar por conta própria; por outro, ensinar de acordo com uma estrutura social que impõe um freio ao pensamento. A escola, tanto no mundo de Pinóquio como no nosso, não é um campo de treino para a criança melhorar e se expandir, e sim um lugar de iniciação ao mundo dos adultos, com suas convenções, suas exigências burocráticas, seus acordos tácitos e seu sistema de castas. Não existe nada que se pareça com uma escola para anarquistas e, no entanto, em certo sentido, cada professor ou professora deve ensinar o anarquismo, deve ensinar os estudantes a questionar as normas e os regulamentos, a pedir explicações para todo dogma, a enfrentar as imposições sem se render aos preconceitos, a encontrar um lugar a partir do qual expressar suas próprias ideias, mesmo que isso implique opor-se a esse mesmo professor, e no limite livrar-se dele.

Em certas sociedades em que o ato intelectual é prestigiado por si só, como é o caso de muitas etnias indígenas, o professor (o ancião, o xamã, o instrutor, o encarregado de conservar a memória da tribo) tem mais facilidade em cumprir suas obrigações, pois nessas comunidades a maioria das atividades é subordinada ao ato de ensinar. Mas em outras sociedades, da Europa e da América do Norte, por exemplo, o ato intelectual é totalmente desprestigiado. O orçamento destinado à educação é o primeiro a ser cortado; a maioria dos nossos governantes mal sabe ler; nossos valores nacionais são puramente econômicos. Elogia-se da boca para fora o conceito de alfabetização, e os livros são celebrados em atos oficiais, mas, de fato, o apoio financeiro oferecido a escolas e universidades, por exemplo, é extremamente limitado. Além disso, na maioria dos casos, todo dinheiro extra é investido mais na compra de equipamentos eletrônicos (cedendo à feroz pressão da indústria) do que na letra impressa, sob o pretexto deliberadamente equivocado de que o suporte digital é mais barato e mais durável que o de papel e tinta. Em consequência, as bibliotecas dos nossos centros de estudo estão perdendo rapidamente um terreno fundamental. Nossas leis econômicas favorecem o continente em prejuízo do conteúdo, porque aquele pode ser comercializado com mais lucro e parece mais sedutor. Para vender tecnologia digital, nossas sociedades ressaltam suas duas características principais: rapidez e imediatismo. "Mais veloz que o pensamento", diz o anúncio de certo *powerbook*, um *slogan* que a escola de Pinóquio sem dúvida endossaria. É uma oposição válida, já que o pensamento requer tempo e profundidade, as duas qualidades essenciais do ato de ler.

Educar é um processo lento e difícil, dois adjetivos que na nossa época deixaram de ser elogiosos e passaram a denotar falhas. Hoje em dia parece quase impossível convencer a maioria de nós das virtudes da lentidão e do esforço deliberado. Contudo, Pinóquio só conseguirá aprender a ler se não tiver pressa, e só poderá se tornar um indivíduo pleno através do esforço exigido para aprender devagar. Seja no tempo de Collodi, com suas cartilhas que os alunos repetem como papagaios, seja no nosso, com suas informações quase infinitas e regurgitadas, é facílimo ser ligeiramente letrado, acompanhar uma comédia na televisão, entender o trocadilho de um anúncio publicitário, ler um *slogan* político, usar um computador. Mas, para ir mais longe e mais fundo, para ter a coragem de enfrentar nossos medos, dúvidas e segredos ocultos, para questionar o funcionamento da sociedade em relação a nós mesmos e ao mundo, precisamos aprender a ler de outra maneira, de uma forma diferente, que nos permita aprender a pensar. Mesmo que, no epílogo das suas aventuras, Pinóquio se transforme num garoto, no fim das contas continuará a pensar como um boneco.

Quase tudo o que nos rodeia incentiva a não pensar, a nos contentarmos com lugares-comuns, com uma linguagem dogmática que divide o mundo claramente em branco e preto, bom e mau, eles e nós. É a linguagem do extremismo, que nos dias de hoje aflora por toda parte, para nos lembrar que não desapareceu. Diante da dificuldade de refletir sobre os paradoxos e as perguntas não respondidas, sobre as contradições e a ordem caótica, responde-se com o antiquíssimo grito de Catão, o censor no Senado romano: *Carthago delenda est!*, "Cartago deve ser destruída!"; não se deve tolerar outra civilização, o diálogo deve ser evitado, a liderança deve ser imposta por meio da exclusão e da aniquilação. Esse é o grito de dezenas de políticos contemporâneos. É uma linguagem que finge comunicar, mas que, sob diferentes disfarces, não faz mais que intimidar; não espera nenhuma resposta, mas apenas um silêncio submisso. "Sê obediente e ajuizado, e serás feliz", diz a Fada do Cabelo Anil a Pinóquio, no final do livro. Muitos *slogans* políticos poderiam reduzir-se a esse conselho falacioso e perigoso.

Sair do limitado vocabulário do que a sociedade considera "obediente e ajuizado" para entrar em outro mais amplo, mais fértil e, acima de tudo, mais ambíguo é aterrador, porque esse outro reino de palavras não tem limites e é um equivalente perfeito do pensamento, da emoção e da intuição. Esse vocabulário infinito está ao nosso dispor, se dedicarmos tempo e esforço à sua exploração, e ao longo dos nossos muitos séculos tem forjado palavras com a experiência para nos devolver o reflexo dela, para nos permitir entender nosso universo. Ele é maior e mais perdurável que a biblioteca sonhada por Pinóquio, cheia de doces, porque a inclui metaforicamente e pode até nos levar a ela concretamente, permitindo-nos imaginar modos de transformar a sociedade em que Pinóquio passa fome, é agredido e explorado, que lhe nega seu estado de infância, que pede a ele que seja obediente e feliz em sua obediência. Imaginar é dissolver barreiras, não fazer caso dos limites, subverter a visão de mundo que nos foi imposta. Embora Collodi tenha sido incapaz de conferir a seu boneco esse estado final de autodescoberta, creio que ele intuía as possibilidades das suas faculdades imaginativas. E até ao reivindicar a importância do pão acima das palavras, sabia muito bem que toda crise da sociedade é, no fundo, uma crise da imaginação.

A leitura como ato fundador

Há cidades que começam com uns poucos livros. Minha Buenos Aires é um exemplo desses milagrosos atos leitores. O *adelantado* Pedro de Mendoza funda a primeira Buenos Aires não apenas com a cruz e a espada, mas também com vários volumes que trouxe consigo e, de certo modo, foram nossa primeira biblioteca. Cito seu breve catálogo: "sete livros médios encadernados em couro preto", "um livro de Erasmo", um Petrarca, "um pequeno livreto dourado que nele diz Virgílio" e "um livro que é Bridia encadernado em pergaminho". Parece que De Bridia era um historiador do século XIII, autor de uma detalhada crônica dos povos tártaros da Ásia setentrional. A julgar por esses títulos, poderíamos pensar que Pedro de Mendoza queria que, na fundação da sua cidade, estivessem presentes os fantasmas de um eclético grupo de escritores: pensadores de uma religião que não era a dele, como o reformista Erasmo, poetas de outras línguas e de outros países, como Petrarca e Virgílio, colegas exploradores, como De Bridia, aventureiro num remoto Norte oposto ao nosso remoto Sul. Poderíamos imaginar que para Pedro de Mendoza, contemporâneo de Alonso Quijano, o mundo intelectual era um só: em outras palavras, que o universal devia estar presente em toda empresa particular. Poderíamos pensar que seu impulso foi dar à nova cidade os fundamentos de uma biblioteca e, com isso, garantir para a nossa Buenos Aires uma espécie de imortalidade.

Infelizmente, não foi assim. Os livros de Mendoza de fato existiram, mas a fundação que ele comandou foi animada menos por um anseio de liberdade intelectual dos seus futuros habitantes que pela ânsia de ocupação de terras alheias, menos por um impulso humanista que por um desejo de rapina e de fama. A epopeia de Mendoza, como sabemos, acabou mal. Velho, fracassado, sifilítico, Mendoza morreu na travessia de volta à Espanha, e a cidade que pretendia fundar, aquela primeira Santa María del Buen Ayre, foi relegada à lixeira da história, como o rascunho de um texto ambicioso.

A presença de livros entre os primeiros traços de identidade de um povo não é frequente nos nossos cronistas. As autoridades no poder, em toda a parte, sempre demonstraram mais interesse em montar maquinarias econômicas cuja única meta é o lucro e menos, ou quase nenhum, em promover o desenvolvimento intelectual e artístico da sociedade que governam. A Espanha de Mendoza não foi exceção. Descrevendo as ações dos espanhóis no Novo Mundo, o padre Bartolomé de las Casas fez esta contundente denúncia: "A causa por que os cristãos mataram e destruíram tantas e tais almas em tão infinito número foi somente por terem como fim último o ouro e encher-se de riquezas em mui breves dias e subir a estados assaz altos e sem proporção de suas pessoas". Fizeram isso

> movidos pela insaciável cobiça e ambição que tiveram, tamanhas como nunca houve no mundo, por serem aquelas terras tão felizes e tão ricas, e suas gentes tão humildes, tão pacientes e tão fáceis de sujeitar; pelas quais não mostraram mais respeito nem delas têm tido mais conta nem estima (falo com verdade por tudo o que sei e vi no referido tempo), não digo que de bestas (pois prouvera a Deus que como a bestas as tratassem e estimassem), mas como e menos que esterco das praças.

Muitos dos conquistadores que o padre Las Casas denuncia eram leitores, assim como Mendoza, e talvez seu exemplo ajude a entender que não basta ter livros e ser leitor, quando se trata de aprender como agir com respeito e estima pelo outro e como buscar a justiça num mundo persistentemente injusto.

Os livros que Mendoza trouxe ao Novo Mundo não foram submetidos ao escrutínio da alfândega espanhola, mas, já em 1506, o rei Fernando ordenara "para a boa governação das Índias" proibir a venda de livros "que tratam do profano e de matérias imorais que os índios não possam ler". Apesar de repetidos e duros decretos como esse, milhares de livros que tratavam do "profano" e de "matérias imorais" chegaram às Américas nas décadas seguintes. E entre esses passageiros clandestinos encontrava-se, como era de esperar, um dos grandes campeões de vendas do século XVII, *D. Quixote de La Mancha*, cuja presença nestas terras é testemunhada já desde sua primeira edição, em 1605. A figura do heroico cavaleiro foi tão popular nas nossas Américas que, em 1607, 2 anos depois da sua chegada, o corregedor da mina de Pausa, no altiplano do Peru, organizou uma parada em homenagem ao novo vice-rei que culminava com o desfile de dois personagens reconhecidos por todos os presentes: D. Quixote e seu rotundo escudeiro.

Passados mais de quatro séculos, ainda espanta a ineficácia dos esforços de censura da Coroa e da Igreja. Em 1608, as autoridades de Buenos Aires escreviam à Santa Inquisição, em Lima (cuja jurisdição se estendia até o Rio da Prata), para informar que navios de Flandres e Portugal chegavam à cidade trazendo livros proibidos escondidos em barris e caixotes. A resposta do Santo Ofício foi que os ofensores deviam ser energicamente castigados, mas de pouco valeram as santas ordens: os livros proibidos continuaram chegando às nossas terras para a instrução e o deleite dos incipientes *criollos*. Um exemplo argentino: exemplares das primeiras edições de *D. Quixote* foram conservados na pequena biblioteca do povoado de Yaví, em Jujuy, de onde foram roubados em 2001 – certamente não porque os ladrões estivessem interessados no seu valor literário ou moral.

Oito anos antes de a primeira parte de *D. Quixote* sair do prelo em Madri, o bispo de Tucumán, Fernando de Trejo y Sanabria, já parecia bem preocupado com os aspectos morais desse tipo de ficção. Numa resolução promulgada em 1597, o bispo decreta a excomunhão de toda pessoa, homem ou mulher, de qualquer classe social, que tivesse em seu poder alguma obra poética imoral e vulgar, ou alguma novela de cavalaria, por despertarem na mente dos leitores desejos lascivos e impuros, e fabulações falsas e absurdas. Resta saber o que o bom bispo queria dizer com esses adjetivos tão duros.

É notoriamente sabido que Cervantes afirma que sua invenção é uma tentativa de acabar com as tolices difundidas pelos livros de cavalaria, histórias, diz ele, "fingidas e desatinadas". Não sabemos se ele atingiu esse declarado propósito: afinal, o que são Batman e o Homem-Aranha senão êmulos do Cavaleiro da Ardente Espada e de Florismarte de Hircânia? O que sabemos, sim, é que sua criação superou essa tentativa moralizante e escapou dela, o que faz de D. Quixote muito mais que uma paródia de má literatura.

Quem é D. Quixote? Antes de mais nada, um leitor. Um leitor de novelas de cavalaria, é verdade, que chega a vender "muitos alqueires de terra de semeadura para comprar livros de cavalaria que ler", mas também um leitor de muitas outras obras, citadas ao longo de suas aventuras, de escritores cujo apreço compartilha com seu próprio autor, o douto Cervantes: Homero, Aristóteles, Virgílio, Ariosto, Boccaccio...

O que nos diz Cervantes do Alonso Quijano leitor? Já nas primeiras páginas do romance, registra que ao velho fidalgo "do pouco dormir e muito ler se lhe secaram os miolos, de modo que veio a perder o juízo" e

> veio a dar com o mais estranho pensamento com que jamais deu algum louco neste mundo, e foi que lhe pareceu conveniente e necessário, tanto para o aumento de sua honra como para o serviço de sua república, fazer-se cavaleiro andante e sair pelo mundo com suas armas e seu cavalo em busca de aventuras e do exercício em tudo aquilo que lera que os cavaleiros andantes se exercitavam, desfazendo todo gênero de agravos e pondo-se em transes e perigos que, vencidos, lhe rendessem eterno nome e fama.

Aos poucos, como se o próprio Cervantes se desse conta de que seu personagem é mais que uma caricatura fantasiosa, as aventuras de D. Quixote começam a transcorrer num mundo absolutamente real, tangível, terreno, e não nos campos fantásticos do gigante Caraculiambro e de Orlando Furioso. As leituras de D. Quixote produzem nele o efeito oposto ao que produziram nos conquistadores: estes quiseram impor ao Novo Mundo as paisagens mitológicas do Velho – amazonas, gigantes, o Eldorado – para melhor justificar a brutalidade do saque e da matança, apresentando-se como paladinos cristãos contra os pagãos pecadores. D. Quixote, ao contrário, adota a ética cavaleiresca e luta contra as ofensas cometidas por criaturas de carne e osso, cristãs ou não. Seu "ordinário remédio" diante de um desafio, diz Cervantes, "era pensar nalguma passagem dos seus livros": sua biblioteca lhe dá o vocabulário para enfrentar o mundo por demais real.

A certa altura ocorre uma mudança fundamental no D. Quixote leitor, mais exatamente no sexto capítulo do romance, no qual é narrado o expurgo de livros que o barbeiro e o padre fazem na biblioteca do fidalgo. Não contentes em atirar no fogo os livros rejeitados, emparedam o cômodo onde o fidalgo os guardava. Quando D. Quixote vai procurar seus livros, não consegue encontrar a porta de sua biblioteca, e sua sobrinha, recorrendo ao vocabulário cavaleiresco, explica ao tio que um "encantador que uma noite apareceu sobre uma nuvem" fez desaparecer o aposento com os livros. Nós, como leitores, podemos imaginar o que terá sentido o velho fidalgo. O desespero, a ira, a ansiedade que sofreríamos ao sabermos que nunca mais poderemos virar as páginas de um volume recordado e amado, nem procurar um verso que nos escapa da memória. Mas D. Quixote é mais valente, mais sensato, menos sentimentalmente nostálgico que a maioria de nós. Resigna-se aos efeitos da vingança desse tal feiticeiro ("grande inimigo meu", diz, "que me tem ojeriza") e fica em casa, sem comentar mais o fato atroz, por duas longas semanas. Depois, sem dizer nada a ninguém, contrata seu vizinho, um tal Sancho Pança, como escudeiro e uma noite, sem se despedir, os dois aventureiros deixam suas casas para enfrentar o mundo.

O que aconteceu? Depois do desaparecimento de sua biblioteca, o leitor Alonso Quijano não precisa mais de seus livros para ser D. Quixote. Ao longo de toda a primeira parte da obra, não abrirá um volume sequer, nem uma única vez. Mas isso não quer dizer que ele tenha renunciado ao seu grande propósito. Convencido da necessidade da ética que seus romances de cavalaria lhe ensinaram, o grande leitor não precisa mais dos seus livros materiais, que estão para sempre impressos em sua memória, como numa íntima biblioteca virtual. Leitor e livro são uma coisa só.

Afirmamos que, embora os livros de cavalaria apresentem ficções fantásticas com regras éticas imaculadas que todo cavaleiro deve acatar, o mundo em que D. Quixote se aventura continua sendo o de Alonso Quijano: duro, infame, perigoso e, acima de tudo, injusto. Em sua primeira aventura, D. Quixote se depara com o pastorzinho Andrés, que, amarrado a um carvalho, é brutalmente açoitado pelo patrão, porque o moço ousou exigir os nove meses de salário que lhe devia. Ouvindo isso, D. Quixote manda o patrão soltar o rapaz e lhe pagar o dinheiro devido. Este, desconcertado pela aparência de louco do cavaleiro, promete cumprir a ordem. Andrés implora a D. Quixote que não acredite nisso, que ele não cumprirá a promessa, que seu castigo será pior que antes, ao que D. Quixote responde que o patrão jurou obedecê-lo "pela lei da cavalaria" e que não se atreverá a quebrar tão alto juramento. Claro que, assim que D. Quixote se afasta, o patrão torna a amarrar Andrés no carvalho e lhe dá tantos açoites que o deixa quase morto. No mundo real, não basta a fé do leitor.

No entanto, as consequências de seus atos cavaleirescos, com frequência mais nefastas que o mal que D. Quixote quer remediar, não inibem o paladino. Diante da injustiça, não há, para um cavaleiro de lei, outra ação possível senão a busca da justiça. "Libertar a vida das prisões que o homem criou. Isso é resistir", escreveu um crítico francês do nosso tempo, e completou: "Vemos isso claramente no que fazem os artistas". Podemos acrescentar que vemos isso claramente no que D. Quixote faz.

No que consiste ser justo ou injusto no mundo de Alonso Quijano? A injustiça se manifestou em cada aspecto da Espanha do Século de Ouro. Durante o reinado de Fernando e Isabel, a Espanha inventara para si a identidade do cristão limpo de sangue, uma suposta limpeza consolidada depois das sucessivas expulsões de judeus e árabes. Contra essa ficção, Cervantes constrói a ficção de D. Quixote, entregando a autoria de sua obra a um escritor árabe, Cide Hamete Benengeli, e criando a figura de Ricote, o mourisco vizinho de Sancho que volta às escondidas do desterro a que foi condenado e diz que a Espanha é sua pátria.

Falando da Argentina dos tempos cruéis de Rosas – e, por extensão, de todos os tempos cruéis que vivemos e continuamos a viver –, Borges disse que "a crueldade não foi o mal daquela época sombria. O mal maior foi a estupidez, a deliberada e fomentada barbárie, a pedagogia do ódio, o regime embrutecedor de divisas vivas e mortas". Assim também na Espanha de Cervantes, onde a mentira oficial contagiou de mentiras todas as camadas da sociedade e permitiu a todos os seus membros o sórdido prazer da violência física e intelectual.

Em primeiro lugar, a mentira contagia os que detêm o poder e se acham no direito, por sua posição autoritária, de enganar os outros, como fazem os duques com quem D. Quixote se encontra, que zombam até a tortura de um velho louco e seu escudeiro. Assim como faz o patrão de Andrés, imensamente ambicioso, quando se recusa a pagar o que deve a seus trabalhadores.

Em segundo lugar, contagia as pessoas do povo, como os galegos que moem D. Quixote e Sancho de pancada, ou como o barbeiro que se torna cúmplice do embuste para enjaular o velho fidalgo, ou como os guardas dos galeotes acorrentados a quem D. Quixote diz que "não é direito que homens honrados sejam carrascos dos outros homens, não lhes indo nada nisso".

E, finalmente, contagia os intelectuais, como o bacharel Sansón Carrasco, que, disfarçado de "Cavaleiro da Branca Lua", derrota D. Quixote e o obriga a abdicar das suas ambições éticas. Os intelectuais como Carrasco são, a meu ver, os piores de todos, porque têm ao seu alcance os meios para imaginar um mundo melhor, menos injusto, e não fazem isso, ou não querem fazer. Carrasco é o protótipo do leitor que frui da literatura, mas que não acredita cabalmente nela. Ele é, assim como Pedro de Mendoza – e confesso que eu mesmo, mais vezes do que gostaria de me lembrar, também fui assim –, incapaz de transformar as lições dos seus livros em atos. Carrasco não apenas descrê da capacidade redentora da ficção e da possibilidade que ela oferece aos seus leitores de serem mais inteligentes, menos egoístas, menos arrogantes, mais compassivos, mas obriga D. Quixote a também descrer. E quando o cavaleiro, fiel à promessa feita a seu vencedor, abandona a luta contra a injustiça e volta para casa, curado (por assim dizer) da sua aparente loucura, deixa de ser D. Quixote, deixa de ser o leitor iluminado que foi, e morre como o mero Alonso Quijano. Ou talvez não. No final da segunda parte, quando, "entre compaixões e lágrimas", o velho fidalgo entrega seu espírito, Cervantes, como que incapaz de se resignar ao sacrifício da sua criatura, volta a chamá-lo de "D. Quixote". E é com esse nome, fruto das leituras, que ele é lembrado pelas sucessivas gerações.

Mencionei os primeiros exemplares de *D. Quixote* que chegaram, de contrabando, às nossas terras. De certo modo, essas manobras contrabandistas à sombra da vontade autoritária refletiam o livro ainda por ler. Porque essencialmente, desde o momento da sua concepção, *D. Quixote de La Mancha* é um livro subversivo. Contra a autoridade arbitrária dos nobres e dos ricos, contra o egoísmo e a infidelidade das pessoas do povo, contra o arrogante equívoco dos letrados e universitários, D. Quixote insiste em que o principal dever do leitor é agir no mundo com honestidade moral e intelectual, sem se deixar convencer por *slogans* tentadores e apelos emotivos, nem acreditar em notícias aparentemente verdadeiras sem verificá-las. Quem sabe esse seu modesto princípio possa nos tornar, a nós, leitores nesta sociedade caótica em que vivemos, mais tolerantes e menos infelizes.

A outra
escrita

Dedicado ao anônimo tradutor toledano que, por duas arrobas de uvas-passas e duas fangas de trigo, verteu em língua castelhana, sem nada tirar nem pôr, as admiráveis páginas de Cide Hamete Benengeli.

Quero propor como metáfora da leitura uma tarefa afim ao ato de ler, que, a meu ver, aperfeiçoa e aprofunda a tarefa do leitor. Refiro-me à subestimada arte de traduzir, de transpor uma construção verbal de uma língua a outra, de um continente intelectual a outro. Platão acusou toda criação artística de mentir por não ser o original – original que, por sua vez, copia um inefável arquétipo – e inventou aquela história da caverna para descrever um mundo, o nosso, onde aquilo que chamamos de realidade não passa de um exército de sombras projetadas numa parede. Assim, a tradução é a sombra de uma sombra, ou, em termos platônicos, a sombra de uma sombra de uma sombra, já que a tradução (segundo a lógica platônica) copia a cópia literária da cópia do arquétipo que é o mundo em que vivemos.

Tradução é o nome que damos ao ato mais íntimo de leitura. Toda leitura é uma tradução, a passagem da visão formal do universo para uma forma particular de senti-lo ou percebê-lo, de uma representação do mundo-texto (em letras escritas) para outra (em letras vistas e ouvidas). Estudos recentes descobriram que a área do nosso cérebro responsável por organizar a compreensão de textos é a mesma que nos permite distinguir formas e distâncias; isso quer dizer que, do ponto de vista fisiológico, ler é traduzir as formas físicas do universo em representações imaginárias e, ao mesmo tempo, espaciais. Ler é traduzir materialmente a realidade do mundo para nossa própria e sentida realidade.

Nomear algo já é traduzir. Dizer "América Hispânica", por exemplo, é traduzir. É resumir uma geografia complexa, com suas longas histórias indígenas, sua colonização, sua independência, sua nova colonização, suas cidades, seus rios, suas obras literárias, fábricas, estradas, a vida de cada um dos seus habitantes. Tudo isso e muito mais traduzido em duas palavras que forçam a associação verbal com um explorador italiano e uma cultura tributária de Roma. Toda tradução é conquista.

A tarefa infinita do leitor, que é percorrer a biblioteca universal em busca de um texto que o defina, e subvertê-lo, multiplica-se (se é que o infinito pode se multiplicar) quando esse leitor assume sua condição de tradutor. Então todo texto resgatado da página se desdobra numa miríade de outros, transformados nos vocabulários desse leitor, redefinidos em outros contextos, outras experiências, outras memórias, ordenados em outras estantes. Ao texto fixo na página, o leitor-tradutor propõe um texto nômade que nunca acaba de se ancorar. Esse é o comovedor paradoxo da arte de traduzir: que através dessas constantes migrações, dessas explorações incessantes, uma obra literária possa se converter em algo menos precário, menos contingente que sua natureza de obra artística lhe impõe, e adquirir, como que por milagre, uma espécie de imortalidade imanente.

Em geral, a tarefa do tradutor não é respeitada; ao contrário, é menosprezada e aviltada. "Os tradutores são como alcoviteiros diligentes que nos recomendam os inefáveis encantos de certa beldade semicoberta por um véu. Atiçam o irresistível desejo de olhar o original", escreveu, já faz quase dois séculos, Johann Wolfgang von Goethe. Implícito no insulto está o surrado trocadilho italiano que opõe as imaculadas virtudes do texto original às traições do tradutor, a condição primordial daquele à ultrajada condição deste, o verdadeiro ao enganoso, o autêntico ao falso. Podemos ler um texto traduzido com o mesmo olhar crítico com que lemos o original, mas, assim que tomamos consciência de que o que estamos lendo é uma tradução, já não o julgamos da mesma maneira. Sua identidade nos parece então usurpada, e suas virtudes e defeitos não mais características intrínsecas ao texto, mas imitações, disfarces, aproximações de algo que não conhecemos e queremos conhecer. A citação de Goethe, tirada do seu ensaio "Sobre arte e Antiguidade", sugere que o mestre de Weimar menosprezava (ou desconhecia) a arte do tradutor. Nada mais longe da verdade.

Na primeira parte do *Fausto*, o desiludido doutor procura no texto grego dos Evangelhos uma revelação que até então seus estudos não lhe proporcionaram. Começa pelo Evangelho de João e confessa sentir a necessidade de traduzir, para a tão amada língua alemã, as sagradas palavras que ele bem conhece. "No princípio era o Verbo." E Fausto então diz, numa cena que todo tradutor, sem dúvida, deve sentir como própria:

> *Está escrito: "En el principio era el Verbo".*
> *Ya aquí me atasco. ¿Quién, para seguir, podrá ayudarme?*
> *Es imposible dar a ese "Verbo" ese valor debidamente alto.*
> *Tendré que traducirlo de otro modo,*
> *si el Santo Espíritu me ayuda a verlo claro.*
> *Está escrito: "En el principio era el intelecto".*
> *Medita bien esta primera frase*
> *para que tu pluma no se apure demasiado.*
> *¿Es el intelecto quien todo hace y logra?*
> *¡Debiera decir: "En el principio era la fuerza"!*
> *Sin embargo, así también me quedo corto.*
> *Algo hace que esto no me satisfaga.*
> *¡Que el Santo Espíritu me ayude! Ahora veo más claro*
> *y confiado escribo: "En el principio era el acto".*[6]

---

[6] Na tradução de Jenny Klabin Segall (Editora 34, 2004): "Escrito está: 'Era no início o Verbo!'/ Começo apenas, e já me exacerbo!/ Como hei

(Evidentemente, sei da tremenda ironia que é tentar traduzir em castelhano as palavras que Goethe usou para dizer que a tradução é impossível. Vocês hão de me desculpar a ousadia...)

Debatendo-se entre o desespero da sua própria ignorância e a tentação do conhecimento diabólico, Fausto enfrenta o problema essencial de todo tradutor: dizer exatamente o que foi dito no original, mas de outra maneira. Para Goethe, uma única palavra exemplifica o dilema: a palavra *logos* do Evangelho de João. Esse *logos* da versão grega é traduzido por Lutero para o alemão *Wort*, "palavra", mas perde os outros sentidos implícitos no termo original, sentidos que Fausto, ao menos em parte, vai restituindo: *Sinn, Kraft, Tat* – palavras que, por sua vez, não pertencem ao mesmo campo semântico dos seus equivalentes castelhanos *intelecto, fuerza* e *acto*[7].

E isso não é tudo.

A definição de *logos* ocupa dezenove cerradas páginas de duas colunas no esplêndido *Vocabulaire européen des philosophies*, coordenado por Barbara Cassin. O problema é antigo. Já em 1784, Johann Georg Hamann escreveu para Johann Gottfried Herder (passagem que se tornaria famosa na citação de Heidegger) que *Vernunft ist Sprache* – "Razão é língua" – e que, dado que toda palavra carrega em si uma trama de significados endêmicos, metafóricos e associativos, tudo o que o pobre Hamann pode fazer, como explica a Herder, é repetir cada palavra três vezes (nesse caso, três equivale ao infinito) e esperar, diante das obscuras profundezas do sentido, que "o Anjo do Apocalipse traga a chave do abismo".

---

de ao verbo dar tão alto apreço?/ De outra interpretação careço;/ se o espírito me deixa esclarecido,/ escrito está: 'No início era o Sentido!'/ Pesa a linha inicial com calma plena,/ não se apresse a tua pena!/ É o sentido então, que tudo opera e cria?/ Deverá opor! 'No início era a Energia!'/ Mas, já, enquanto assim o retifico,/ diz-me algo que tampouco nisso fico./ Do espírito me vale a direção,/ e escrevo em paz: "Era no início a Ação!"". [N.T.]

7 Nem dos correspondentes "sentido", "energia" e "ação" da tradução acima. [N.T.]

Mas a maioria dos tradutores, assim como o Dr. Fausto, não tem nem a paciência, nem a possibilidade de esperar tanto tempo e deve se resignar à imperfeição. Aproximações, versões, glosas, adaptações são as únicas metas permitidas. Os filósofos (e a experiência) nos ensinaram que é impossível existir duas coisas idênticas neste mundo. Portanto, uma tradução nunca poderá ser o decalque fiel do original. Não sei se esse raciocínio serviria ou não de consolo para o Dr. Fausto. Sei que para mim, em todo caso, como tradutor ocasional e constante leitor de traduções, ele não basta.

Vale lembrar, neste ponto, que os problemas da tradução não diferem dos da criação literária original. Todo escritor conhece o abismo que separa sua visão da obra a escrever da realidade da obra depois de escrita, e sabe como as palavras, que no momento da inspiração são claras e exatas, se tornam opacas e balbuciantes quando chegam à página. Essa visão que o escritor tem do texto futuro *antes* de escrever é comparável à leitura que o tradutor faz do original antes de começar a traduzir. Está tudo lá: combinado, coerente, singular, com suas falhas, às vezes perdoáveis, e seus achados, às vezes felizes, esperando, em cada caso, ganhar vida material nas palavras do seu artesão e sabendo, também em cada caso, que poucas, pouquíssimas vezes, chegará a ser ao menos uma sombra do texto primordial, sonhado ou impresso. Há uma expressão inglesa (intraduzível, claro) que serviria, creio eu, para descrever esse processo, em que o texto desejado nunca se transforma por inteiro no texto concluído: *wishful thinking*.

Tanto no caso do escritor como no do tradutor, todo texto tem sua origem em outro ou outros textos. Ninguém escreve do nada: escritores e tradutores compõem sejam capítulos de uma obra infinita, sejam novas camadas do mesmo palimpsesto. Assim como uma tradução precisa de um original para existir, a *Comédia* de Dante não existiria sem a *Eneida*; *D. Quixote*, sem o *Amadis*; *Hamlet*, sem as crônicas de Saxo Gramático; *Madame Bovary*, sem uma notícia policial que interessou o jovem Flaubert. Tão forte é esse sentimento de ser apenas um elo na cadeia literária que, quando um ancestral não pode ser claramente identificado, o escritor (seja romancista ou tradutor) costuma inventar uma fonte para inserir seu texto numa linhagem ou para distrair ou exercitar o leitor. Assim, Cervantes cede a Cide Hamete a paternidade do seu enteado e Robert Fitzgerald quer nos fazer crer que seu *Rubaiyat* é uma tradução de Omar Khayyam. Fílon de Alexandria, no século I, já apontou essa compulsão de delegar a responsabilidade literária, e propôs para todo escritor uma fonte comum: "Porque o profeta não publica nada por vontade própria, mas é o intérprete de outro personagem que dita todas as palavras que ele articula no instante mesmo em que é tomado da inspiração".

Goethe, mais uma vez, num apêndice a seu livro de poemas *Divã ocidento-oriental*, indica que há três tipos de tradução: primeiro, aquela que familiariza o leitor com o estrangeiro, sobretudo através de versões literais, como a Bíblia de Lutero; segundo, aquela que procura "vicários" na própria língua, até inventando, por vezes, termos que substituem os do original para, diz Goethe, "fazer crescer, em terra e em campo próprios", frutos alheios; terceiro, aquela que não é nem exata nem inexata, nem literal nem fantasiosa, mas uma tradução que quer ter, por assim dizer, a mesma qualidade existencial do original, que não se propõe *substituir* o original, mas *ter o mesmo valor ou peso* (*Gelten*) que o original. É curioso que o mesmo Goethe que acusa o tradutor de falsificador argumenta que uma tradução pode ser não mais uma cópia boa ou ruim de um texto bom ou ruim, mas uma obra de arte com idênticos méritos estéticos e literários.

Borges, com seu "Pierre Menard", emenda Goethe. O novo texto, mesmo que idêntico, não pode ter idênticos méritos. Nosso conhecimento, como leitores, do contexto de um e outro não nos deixa ler a tradução com olhos inocentes. Ao sabermos que um texto é traduzido, nosso juízo convoca novos parâmetros e raramente concedemos (ou pedimos) ao tradutor as qualidades que pedimos (ou concedemos) ao autor. Originalidade de argumento, vitalidade de personagens, profundidade de pensamento são méritos que atribuímos (ou negamos) ao autor; fluência, clareza, inteligibilidade são méritos que atribuímos (ou negamos) ao tradutor. Assim, as características estéticas e literárias que, para Goethe, devem ser iguais no texto original e em sua tradução nunca podem se equiparar, porque os aspectos que nos importam numa não são os que nos importam na outra.

Mas por quê?

Dissemos que os leitores de traduções, quando têm consciência de que estão lendo textos traduzidos, tratam esses textos como se fossem meros artifícios, cópias falsas, obras que querem se fazer passar por *the real thing*. Isso concerne, de maneira essencial, à nossa relação com as obras de arte. Nosso olhar nunca é perfeito. Se estamos diante de um quadro que nos dizem ser de Vermeer, reagimos de uma maneira; mas basta nos dizerem que esse mesmo quadro é uma cópia que nossa reação muda. O quadro continua o mesmo: são nossas circunstâncias, ou o que sabemos das circunstâncias do quadro, que deixam de ser as mesmas.

O que essa reação revela sobre nosso juízo estético? Como é possível que uma mudança na informação circunstancial que temos de uma obra altere nosso juízo da própria obra que, materialmente, não depende de dispormos ou não dessa informação? Cor, forma, proporção, execução não são, portanto, os únicos componentes que constituem nosso juízo; ou, no caso de um texto, a escolha de determinadas palavras, sua ordem, sua música, a maneira como obedecem ou quebram as normas gramaticais do idioma, a maneira como utilizam ou quebram as regras da sintaxe. Nesse caso, uma vez que substituímos as palavras, a ordem, a música, as normas gramaticais, a sintaxe de um texto, é lícito julgá-lo, acolhendo as novas informações também circunstanciais, não comparando-o com o original, mas, observando esses novos elementos, como uma obra criada não mais como imitação ou impostura, e sim como algo novo, uma obra de arte em si. Tais leituras não são impossíveis. Arno Schmidt, por exemplo, com suas traduções, transformou os enfadonhos romances do século XIX de Bulwer-Lytton em estilizados textos modernos, e Rilke fez dos belos e límpidos sonetos do século XVI de Louise Labé complexas obras-primas. Não entendo por que é lícito que Daniel Defoe tenha transformado a insípida crônica de Alexander Selkirk em seu *Robinson Crusoé*, mas não que Marguerite Yourcenar faça sua uma antologia de *Negro spirituals* do sul dos Estados Unidos. E quando Salvador Elizondo traduz para o castelhano *O naufrágio do Deutschland*, de Gerard Manley Hopkins, nos dá a ler não apenas um dos maiores poemas da língua inglesa do século XIX, mas também um dos maiores poemas da língua castelhana do século XX.

Soy suave arena
adherida al vaso del reloj
fija pero minada de un movimiento, un flujo,
que la invade en su centro y la ahueca en su caída
como el agua en el pozo quieta en su equilibrio y su lisura,
suspendida siempre de la cima a la sima de los altos
abismos y cañadas, que una veta
del Evangelio profiere, una opresión, un principio, el don de Cristo.[8]

Às vezes, claro, o procedimento não gera frutos dignos. Terêncio, no século a.C., criticando seu colega Plauto, que vivera no século anterior, diz que este, "traduzindo bem, mas escrevendo mal, transformou boas comédias gregas em comédias latinas que não o são". Terêncio distingue tradução de escrita, mas, ao mesmo tempo, dá a entender que, se Plauto tivesse "escrito bem", suas comédias, sem deixar de ser traduções, teriam sido "boas" obras em ambos os campos literários. Aqui a noção de tradução como impostura já não é admissível.

Ezra Pound elogiou a tradução de Arthur Golding de *As metamorfoses* de Ovídio como uma das mais perfeitas obras poéticas da

---

[8] Na versão de Augusto de Campos (Companhia das Letras, 1999): "Eu sou só pó/ De uma ampulheta – ao pé da/ parede, nó do movimento, mó/ que me coa e ecoa à queda;/ quieto como água parada, até a pedra, a areia,/ porém encordoado sempre, a cair da aresta/ em riste do rochedo, com a veia/ da bíblica proposta, pressão, princípio, Cristo só". [N.T.]

literatura inglesa, e a tradução de Cortázar dos contos de Poe pode muito bem ser incluída nas obras de Cortázar e ser julgada como tal. Quando José Bianco traduz *The Turn of the Screw* por *Otra vuelta de tuerca*, quando Alfonso Reyes traduz *The Importance of Being Earnest* por *La importancia de ser Severo*, quando Maite Gallego traduz *Père Goriot* por *El pobre Goriot*, não estão apenas traduzindo no sentido medieval de *translatio* (o ato de trasladar algo de uma parte a outra), mas traduzindo, como São Jerônimo sugere, no sentido de *revelatio* (o ato de dar a conhecer as palavras para um leitor em outro idioma, sem sacrificar seu mistério). É por isso que o santo dálmata rechaça a tradução da Bíblia para o grego feita por Áquila de Sinope, "intérprete meticuloso que traduzia não apenas as palavras, mas também as etimologias". Para Jerônimo, a integralidade semântica de um texto não só é impossível de traduzir como não *deve* ser traduzida. Só as traduções medíocres revelam tudo ou quase tudo do texto original, cada sequência de palavras, cada vírgula, cada vocábulo, cada errata: as boas traduções nunca fazem isso. As obras-primas são, em grande parte, misteriosas, não explicam tudo nem prestam conta de seus propósitos, e a razão pela qual continuam sendo lidas é que sempre deixam algo mais por descobrir. Essas zonas de sombra devem existir também nas boas traduções. É verdade que um tradutor que conhece seu ofício sabe mais sobre a obra que traduz que o próprio autor, mas sua missão não é trazer à luz essas misteriosas engrenagens, e sim assumi-las como segredos, pondo em outras palavras o que parecem dizer e conservando implicitamente o que têm de inexprimível. Talvez seja essa a principal diferença entre as boas e as más traduções: as más traduções mostram tudo e, portanto, parecem espúrias; as boas são mais recatadas e confiam na criativa intuição do leitor.

Os estudiosos medievais, a começar por Santo Agostinho, exigiam do tradutor um elemento que chamavam *caritas*, que nós traduzimos imperfeitamente por "caridade". Com *caritas* não queriam dizer indulgência, descuido por carinho, negligência por amor. Com *caritas* queriam dizer cuidado com o essencial, profundo entendimento amoroso, consideração pelo bem-estar do outro, respeito pelo sentido de suas palavras e rigorosa atenção à sua voz. É nesse sentido que nossos antepassados pediam para ser traduzidos, depois do último sono, com a mesma *caritas* que aplicavam na tradução de seus textos amados.

Matar os advogados

Para Carlos Miguel Manguel, com admiração e afeto

Nada do que fazemos ou dizemos é inocente. Tudo tem um significado, ou acreditamos que tem um significado, ou lhe atribuímos um significado. Todo nome, todo lugar, todo objeto é o que é, mas também aquilo que imaginamos simbolizar. O pão nos parece bom, o fel nos parece ruim; associamos as ilhas dos Mares do Sul ao paraíso, os vulcões do sul da Itália ao inferno. Com as profissões ocorre a mesma coisa. Há profissões que carregam uma carga simbólica positiva, e outras, negativa. Ser pedreiro, professor ou médico é visto com bons olhos. Ser dentista, banqueiro ou advogado, nem tanto. Não sei muito bem por que, mas basta lermos num romance que o doutor Jivago é médico ou que Jane Eyre trabalha como professora para que nos afeiçoemos ao personagem antes de conhecê-lo realmente. Mas, por exemplo, quando o vilão é um dentista, como acontece em vários romances de Graham Greene, isso não nos surpreende, e quando Balzac nos apresenta um dos seus personagens como alguém do mundo das finanças, imediatamente desconfiamos dele. Chesterton começa um de seus contos com esta frase: "há uma centena de histórias de detetive que começam com a descoberta de que um milionário foi assassinado, fato que, por alguma razão misteriosa, é tido como uma espécie de calamidade...". Muitas são as profissões das quais poderíamos dizer o mesmo.

Infelizmente, os advogados ocupam um posto privilegiado no mundo dos personagens detestáveis. Claro que há os admiráveis, como Atticus Finch em *O sol é para todos* ou Perry Mason nos romances de Erle Stanley Gardner (e na série de televisão). Mas, de modo geral, a figura do advogado se presta a piadas pesadas e ao escárnio, sem dúvida injustificado. Quando sabemos que o irmão de Horacio Oliveira, o protagonista de *O jogo da amarelinha*, de Cortázar, é um "rotundo advogado de Rosário que produzia quatro páginas de papel para correio aéreo sobre os deveres filiais e cidadãos malbaratados por Oliveira"[9], instintivamente desconfiamos dele, sem qualquer outro motivo além da sua profissão.

Essa desconfiança dos advogados é muito antiga. Na literatura espanhola, pode ser encontrada já na Idade Média, como, por exemplo, no *Libro del buen amor*, do século XIV, em que o Arcipreste de Hita assim descreve um jurista:

Dava muchos juïzios, mucha mala sentençia:
con muchos abogados era su mantenençia,
en tener pleitos malos e fazer mala abenençia;
en cabo, por dineros avía penitençia.[10]

Na segunda parte de *Henrique VI*, de Shakespeare, arma-se uma pequena revolta, e Dick, o Açougueiro, sequaz do rebelde Jack Cade, que quer ser rei, incita seus companheiros com um grito hoje famoso: "Primeiro, matemos todos os advogados!". Com essas palavras, Dick ecoa um preconceito popular fortemente arraigado ao longo dos séculos: os advogados são vigaristas que roubam os pobres litigantes. Uma nova sociedade (nesse caso, a que Jack Cade pretende governar) deve

---

9 Julio Cortázar, *O jogo da amarelinha*, trad. Eric Nepomuceno, São Paulo: Companhia das Letras, 2019. [N.E.]
10 "Ditava muitos juízos, muitas sentenças erradas:/ com muitos advogados se amanhava,/ para torcer os processos e forçar acordos ruins;/ ao cabo, por dinheiro cedia a absolvição." [N.T.]

começar a se definir eliminando os que são vistos como aproveitadores, personagens que, em vez de ajudar, retardam processos judiciais e cobram honorários escorchantes.

No século XIX, Dickens imortalizou esse preconceito no seu romance *A casa soturna*. Nele são descritas as intermináveis manobras do escritório londrino de advocacia Jarndyce & Jarndyce, que acabam por arruinar seus próprios clientes. Uma das várias tramas desse romance de Dickens (como sempre em Dickens, são muitas) trata de um inventário que tramitou nos tribunais ao longo de várias gerações até a grande herança ser inteiramente consumida pelas custas processuais, no ano em que se passa a ação. Aqui Dickens faz uma crítica à Corte de Justiça da Inglaterra, cujas atividades ele considerava tão nefastas que um dos personagens recomenda a um demandante: "Suporte toda e qualquer injustiça que lhe hajam feito, em vez de vir pedir justiça aqui!"[11]. Para Dickens, os tribunais são o último lugar a que se deve recorrer quando se quer justiça.

A deusa da Justiça, que os gregos chamavam Dice e os romanos, Iustitia, foi imaginada como uma combinação de outras deidades. Fortuna, a deusa romana do destino, lhe emprestou a venda para os olhos; Nêmesis, a deusa grega da vingança, sua espada. No entanto, no imaginário popular medieval, a Justiça assumiu a forma de uma prostituta, vendida por advogados e juízes como um produto comercial igual a qualquer outro. Há uma longa tradição literária que retrata esses leigos como corruptos e ambiciosos, enganadores que estendem os processos e dificultam os acordos entre as partes para tirar mais dinheiro. Quevedo em "O sonho da morte" vai mais longe e atribui aos leigos e letrados todos os males da sociedade:

> Quereis ver como são maus os letrados? Pois que, se não houvesse letrados, não haveria demandas; e se não houvesse demandas, não haveria

---

[11] Charles Dickens, *A casa soturna*, trad. Oscar Mendes, Rio de Janeiro: Nova Fronteira, 1986. [N.E.]

pleitos; e se não houvesse pleitos, não haveria procuradores; e se não houvesse procuradores, não haveria enredos; e se não houvesse enredos, não haveria delitos; e se não houvesse delitos, não haveria aguazis; e se não houvesse aguazis, não haveria prisão; e se não houvesse prisão, não haveria juízes; e se não houvesse juízes, não haveria paixão; e se não houvesse paixão, não haveria suborno. Olha a fieira de infernais sevandijas que se produz de uma bequinha, o que dissimula uma barbaça e o que autoriza um gorro.

Os processos judiciais intermináveis, as incompreensíveis tramas que os advogados urdem, o labiríntico caminho que um demandante é obrigado a percorrer em busca de justiça são, sem dúvida, características de uma geografia literária reconhecível ainda hoje. No século XX, são dois os seus maiores cartógrafos: o suíço Friedrich Dürrenmatt e o tcheco Franz Kafka.

Dürrenmatt, brilhante dramaturgo e brilhante romancista, interessou-se, durante toda a vida, em estudar a relação entre nossas ações e as leis que inventamos para regulá-las. Para a fé protestante de Dürrenmatt (apesar de ateu, era suíço), o único recurso ao alcance do ser humano para redimir o pecado de Adão é a graça divina. Isso, é claro, vai contra a fé católica, para a qual a salvação depende do esforço individual e do livre-arbítrio de cada pessoa. Da perspectiva protestante, a realidade da graça de Deus foge à realidade dos fatos percebidos pelo olho humano, e, sem nos deixarmos guiar pela razão, incapaz de abarcar os desígnios divinos, podemos construir estruturas lógicas e jurídicas que, no entanto, podem ao mesmo tempo parecer impossíveis ou absurdas.

Um dos últimos romances de Dürrenmatt foi *Justiça*, publicado em 1985. A ação se passa em Zurique. O conselheiro Kohler entra num elegante restaurante da cidade, muito frequentado por advogados, juízes e delegados de polícia, e mata com um tiro o soturno professor Winter, diante dos olhos espantados dos presentes. Cometido o assassinato, Kohler deixa o restaurante. Nessa mesma noite, é detido numa sala de concerto e logo condenado a 20 anos de prisão. Kohler, um homem muito culto e muito rico, decide então contratar um jovem advogado para que cuide da revisão do seu caso e demonstre sua inocência perante o tribunal, apesar das numerosas testemunhas do seu crime. O advogado duvida que isso seja possível, mas acaba aceitando o desafio e consegue provar, perante o tribunal de Zurique, que seu cliente não é culpado. Nesse romance, Dürrenmatt sugere que nossa ideia de justiça é uma ficção que reflete ou narra um arquétipo inerente à condição humana.

Para Kafka, nossa condição humana está sujeita a uma lógica semelhante, mas divina e insensata, dentro da qual o ser humano pode estabelecer um diálogo com seu Criador para pedir a alteração de um decreto ou uma lei. Assim como para os comentaristas talmúdicos e os mestres chassídicos, para Kafka, Deus não é indiferente aos nossos argumentos. E mais: o ser humano pode devolver a Deus um reflexo de suas razões, para que o Onisciente e Onipotente Jeová possa conhecer seus próprios mistérios através de uma de suas criaturas. Assim pode ser entendida sua convicção de que a graça divina existe, ainda que raramente nos alcance. Um dia, discutindo uma questão filosófica com Max Brod, o amigo se impacientou com seu negativismo e exclamou: "Mas, se for como você diz, então não há esperança!". E Kafka, com um sorriso, virou-se para Brod e respondeu: "Há esperança, sim. Mas não para nós".

A desonestidade dos advogados tradicionalmente retratada na literatura é, para Kafka, mais uma prova da ineficácia das nossas ações, honestas ou desonestas, razoáveis ou não. Para Kafka, agir bem ou mal tem seu castigo ou sua recompensa secreta, porque não sabemos o que cada um dos nossos atos significa na grande narração universal.

Contudo, creio reconhecer nesses exemplos uma dicotomia ou um paradoxo. Por um lado, sabemos que existe (ou deve existir) algo que chamamos "direitos", algo que pertence endemicamente a todo indivíduo. Por outro, sabemos que existe (ou deve existir) algo que chamamos "leis", que pertencem endemicamente a qualquer sociedade e a identificam. Hobbes definiu esses dois constituintes do aparato jurídico como, no primeiro caso, o *direito* de agir (em inglês, *right*; entre nós, *direito* com minúscula e *Direito* com maiúscula dão lugar a confusão) e, no segundo caso, como a *obrigação* de agir. Toda sociedade existe na tensão entre essas duas ordens. Por um lado, estão os direitos do indivíduo, enunciados em diversos manifestos, como os Direitos do Homem da Revolução Francesa (aos quais Olympe de Gouges acrescentou os Direitos da Mulher e foi guilhotinada por seu atrevimento). Por outro, estão as leis de uma sociedade que limitam ou condicionam esses direitos. Ambos são essencialmente necessários para a existência de uma sociedade saudável. Em *O homem que não vendeu sua alma*, de Robert Bolt, há uma cena com Thomas Morus e seu genro. O genro pretende ignorar o processo judicial para chegar ao que ele define como justiça. Thomas Morus lhe diz que, até para julgar o diabo, ele apelaria às leis do país. O genro lhe diz que ele não, que para condenar o diabo ele destruiria todas as leis. E Thomas Morus lhe pergunta: "E pensas que conseguirias permanecer em pé em meio ao vendaval que se levantaria?".

A cidade da Antiguidade, a *polis* definida fisicamente por uma muralha que excluía os bárbaros, se identificava com as leis que protegiam os cidadãos desse vendaval. E o cidadão tinha o direito de dialogar com essas leis para alterá-las e melhorá-las. Em geral, fazia isso por meio de um advogado, palavra (vale lembrar) que deriva da frase latina *ad auxilium vocatus*, "que é chamado para ajudar".

Podemos, então, julgar a saúde de uma sociedade pela facilidade com que se dá esse diálogo entre os direitos do cidadão e suas obrigações, diálogo que as ditaduras tratam de suprimir, as plutocracias, de ignorar, e as demagogias, de se apropriar dele ou pervertê-lo. E em todos esses casos (e muitos outros), supõe-se que os advogados servem de ponte entre os direitos do indivíduo e suas obrigações cívicas, ambos estabelecidos pelas leis. Infelizmente, a tarefa de um advogado se confunde, às vezes, com a do aduaneiro que cobra um pedágio de quem quer cruzar a ponte. E é essa visão do personagem que parece prevalecer na literatura.

A literatura – a boa literatura – nunca é unívoca. Insiste sobre a ambiguidade, exige outros testemunhos, empenha-se não em afirmar, mas em construir com perguntas um caminho para o leitor pertinaz. Porque na literatura não há definições categóricas, os leitores podem continuar lendo as grandes obras sem nunca as esgotar, sem nunca chegar ao seu último horizonte. Depois da última leitura da *Ilíada* ou de *Ficções*, sempre haverá outra, diferente, que revelará um aspecto da obra que estava ali, mas não tínhamos dado por ele.

Um exemplo: *O mercador de Veneza* foi representada e lida incontáveis vezes, desde que o próprio Shakespeare a encenou pela primeira vez em 1605. Recordemos que, na peça, Shylock, o agiota judeu, empresta dinheiro a Bassanio, que apresenta como fiador seu amigo Antonio. Shylock, que detesta Antonio por ser antissemita, concede o empréstimo, mas exige como caução uma libra de carne do próprio Antonio. Os navios de Antonio se perdem em alto-mar, e Shylock leva Antonio à corte do Doge de Veneza para exigir que lhe pague a caução. Bassanio oferece devolver-lhe o dobro do dinheiro emprestado, mas Shylock recusa a oferta. Surge então um jovem advogado, que, na verdade, é Portia, a namorada de Bassanio, disfarçada de homem. No julgamento que se segue, Portia tenta convencer Shylock a suspender sua demanda, por compaixão, mas o agiota não cede. Então Portia lhe diz que corte a libra de carne do peito de Antonio, mas acrescenta que, se ele não cortar exatamente uma libra, "para mais ou para menos, mesmo que seja por uma diferença em peso daquilo que se estima ser o peso de um fio de cabelo"[12], será condenado à morte e terá todos os seus bens confiscados. Acuado, Shylock se dispõe a aceitar a oferta de dinheiro que Bassanio lhe fez, mas Portia argumenta que Shylock já recusou a oferta na corte e, portanto, não pode aceitá-la agora. Portia cita uma lei veneziana que pune todo estrangeiro culpado de tentativa de assassinato de

---

12 William Shakespeare, *O mercador de Veneza*, trad. Beatriz Viégas-
-Faria, São Paulo: L&PM, 2007. [N.E.]

um veneziano (como judeu, Shylock seria considerado um "estrangeiro" em Veneza), obrigando-o a ceder sua propriedade, metade ao Estado e metade a Antonio, ficando sua vida à disposição do Doge. O Doge poupa sua vida, com a condição de que Shylock se converta ao cristianismo.

Ao longo dos séculos, os críticos não chegaram a um consenso quanto a um suposto antissemitismo da peça de Shakespeare. Uns sustentavam que Shakespeare expressava seus preconceitos racistas através dos argumentos jurídicos de Portia e que a conversão forçada de Shylock era apresentada como uma solução benéfica e justa. Wolf Mankowitz, o romancista inglês, considerou Portia "uma filha da puta, fria e esnobe", e Harold Bloom, o eminente crítico estadunidense, opinou que, com essa peça, Shakespeare causou grandes e verdadeiros danos aos judeus. Durante o Terceiro Reich, houve mais de cinquenta montagens da obra. Outros críticos, sobretudo na segunda metade do século XX, preferiram entender que Portia, como advogado, apenas buscava argumentos legais para invalidar as exigências de Shylock e que o que a motivava não era o preconceito racial, mas o amor à justiça e aos direitos do cidadão. As perguntas que Shylock faz, defendendo-se como ser humano, podem aplicar-se a todos, e quando Shylock diz a um cristão: "a baixeza que vocês me ensinaram eu vou executar", não faz mais que expressar uma verdade social indiscutível: que a corrupção do Estado autoriza os indivíduos a serem corruptos. Para o dramaturgo Aaron Posner, Portia representa o advogado arquetípico, cuja função não é expor os pontos de vista mais justos ou mais tolerantes, mas mostrar o que dizem as leis a respeito da situação apresentada na corte. Portia procura convencer Shylock a abandonar suas cruéis demandas e tenta negociar com ele valendo-se de argumentos morais. Mas, ao fracassar em seu intento, Portia constrói argumentos legais que demolem os argumentos ilegais de Shylock e constroem uma ponte legalmente válida entre o demandante e a corte, tal como sua profissão a define. Por esses motivos, a Escola de Direito de New England foi rebatizada como Portia School of Law.

Em janeiro de 2016, para marcar o quinto centenário do Gueto de Veneza e os 400 anos da morte de Shakespeare, a Universidade Ca' Foscari montou *O mercador de Veneza* no mesmo lugar onde transcorre a ação. Nunca, até hoje, a peça de Shakespeare tinha sido encenada no gueto.

Mas a aventura não acabou aí. Os organizadores do evento tiveram a brilhante ideia de convidar a Veneza a juíza associada da Corte Suprema dos Estados Unidos, a advogada Ruth Bader Ginsburg, para que presidisse um novo julgamento do caso Shylock, ao lado de três outros juízes. Bader Ginsburg aceitou e, depois de cerca de duas horas e meia de deliberações, os juízes chegaram a uma decisão unânime: anular a cláusula da libra de carne, que nenhuma corte aceitaria, devolver a Shylock sua propriedade, pagar a ele os 3 mil ducados que emprestara a Antonio e cancelar a exigência de conversão. "Essa conversão", opinou Bader Ginsburg, "foi exigida por Antonio, e o demandante não pode tornar-se juiz". E ainda completou: "Passados quatro séculos, o lapso de tempo durante o qual Shylock poderia exigir juros caducou". A corte não foi unânime no que se refere a Portia. Em todo caso, decidiram condená-la, por impostora e farsante, a cursar Direito na Universidade de Pádua, onde leciona um dos juízes que acompanhavam Bader Ginsburg, e também na Universidade de Wake Forest, onde outro deles é decano.

Àquela caricatura de advogado que uma peça de Shakespeare imortalizou no grito de um açougueiro revolucionário, outra peça de Shakespeare contrapõe um personagem mais ambíguo, mais complexo, mais difícil de definir: Portia, mulher disfarçada de homem, aparente defensora dos direitos de Shylock, mas, ao mesmo tempo, rigorosa defensora da letra da lei veneziana, alguém que expõe perante a corte uma demanda desumana, mas aparentemente legal, e que em seguida demonstra a ilegalidade dessa demanda, uma servidora fiel da justiça estatal, mas também dos direitos individuais.

Talvez essas considerações apontem para um novo sentido do papel do advogado, ao menos no campo literário. Tanto os advogados profissionais como os amadores – o advogado Paul Biegler, em *Anatomia de um crime*, ou Maître Derville, em *O coronel Chabert*, de Balzac, mas também Tirésias, em *Édipo Rei*, e vários animais como o macaco e a raposa, nas *Fábulas* de Esopo, por exemplo – procuram ler nas leis os sentidos ocultos, as entrelinhas, o hálito humano na fria letra dos códigos.

E Shakespeare sabia disso, é claro. Em *Medida por medida*, faz um de seus personagens dizer:

> Não podemos fazer da lei um espantalho
> Que se prepara para assustar as aves de rapina
> E, sempre com a mesma forma, converta-se em poleiro
> E não no terror das aves que com ele se acostumam.[13]

---

[13] William Shakespeare, *Medida por medida*, trad. Beatriz Viégas-Faria, São Paulo: L&PM, 2010. [N.E.]

Sombras
de vulto belo

Os guias de turismo indicam roteiros pelos árduos caminhos de Ulisses e D. Quixote. Vetustos edifícios abrigam a alcova de Desdêmona e o balcão de Julieta. Uma aldeia colombiana diz ser a verdadeira Macondo de Aureliano Buendía, e a ilha de Juan Fernández se vangloria de ter recebido há séculos aquele singular colonialista chamado Robinson Crusoé. Por muitos anos, os correios britânicos cuidaram da correspondência destinada a Mr. Sherlock Holmes, da 221B Baker Street, e o desalmado Charles Dickens recebeu uma infinidade de cartas injuriosas por ter matado a pequena Nell nos capítulos finais do folhetim *A loja de antiguidades*. A biologia assegura que descendemos de seres de carne e osso, mas, no íntimo, sabemos que somos filhos do sonho, do papel e da tinta. Séculos atrás, Luis de Góngora assim os definiu: "O sonho, autor de representações,/ no seu teatro sobre o vento armado,/ sombras usa vestir de vulto belo".

Aliás, leitores do mundo inteiro veneram a sombra de Cervantes e Shakespeare, mas estas, imortalizadas em retratos imaginários e solenes, são menos tangíveis que as de suas criaturas imortais. Conhecemos as complexas paixões de Dido e Eneias muito melhor que as intimidades do senhor Virgílio, a menos que estas nos tenham sido reveladas por um Dante ou um Hermann Broch. Nós, leitores, sempre soubemos disso: os sonhos da ficção geram as verdades do nosso mundo.

A escrita, que a certa altura se tornaria veículo da ficção, foi inventada por algum secreto antepassado nosso há mais de 5 mil anos, num deserto remoto, e possui ao menos duas características extraordinárias. A primeira é que ela nos permite transmitir, de maneira imediata e com a menor ambiguidade possível, determinada informação prática e precisa. A segunda é, paradoxalmente, quase o oposto da primeira: uma grande ambiguidade que não limita a informação recebida a uma só interpretação. Ao contrário. Essa ambiguidade permite transmitir, na história do Swann de Proust, a angústia de saber que nenhum conhecimento do passado basta, que a força da juventude não dura mais que um instante, que toda escolha implica uma perda e, acima de tudo, que essa mesma linguagem que conta a memorável história nunca poderá contar essa história plenamente. Esta segunda característica da linguagem requer de quem a desentranha, escuta ou lê uma misteriosa arte que podemos chamar de leitura profunda, que nos permite ver, nos personagens que amamos, nossa própria identidade.

Apinhados em sua história, os personagens de ficção não se contentam em permanecer dentro dos limites impostos pelas capas do livro, por maior que seja seu espaço. Hamlet nasce já bem crescidinho nas ameias do castelo de Elsinore e morre em meio a montes de cadáveres numa de suas lúgubres salas, mas gerações de leitores desentranharam os eventos da sua infância freudiana e suas sucessivas e insólitas transformações políticas. Assim Hamlet se converteu em paladino do Terceiro Reich, em herói dos existencialistas, em irmão gêmeo de Édipo. Cada personagem se expande dentro da imortalidade que lhe concedemos. O Pequeno Polegar cresceu, Helena se tornou uma velha desdentada, Rastignac trabalha num banco *offshore*, Artemio Cruz fincou bandeira em outros países da América Latina, Simbad vive numa barraca de refugiados na praia de Lampedusa, Kim foi recrutado pelo Ministério de Assuntos Exteriores britânico e a Princesa de Clèves se viu obrigada a fazer fila numa agência de empregos. Mas, ao contrário dos seus leitores, que envelhecem e nunca voltam a ser jovens, os personagens imaginários são, ao mesmo tempo, os mesmos de quando os lemos pela primeira vez e também fruto das nossas novas leituras. Todo personagem se reconhece em Proteu, aquele deus do mar a quem Netuno concedeu o dom de se transformar em qualquer forma do universo.

Nem todos os personagens da literatura são companheiros de qualquer leitor; só aqueles que mais amamos nos seguem ao longo da vida. No meu caso, não sinto como meus os problemas de Renzo e Lucia, de Mathilde de la Mole e Julien Sorel; eu me reconheço mais próximo do Capitão Nemo e do melancólico Monsieur Teste. Meus amigos mais íntimos são outros: o Homem Que Foi Quinta-feira me ajuda a sobreviver ao absurdo de cada dia da semana; Príamo me ensina a chorar a morte dos amigos mais jovens e Aquiles, a dos meus queridos mais velhos; Chapeuzinho e Dante me guiam através dos escuros bosques do meio do caminho desta vida; aquele amigo de Sancho, o desterrado Ricote, me permite entender um pouco do miserável destino dos refugiados. E há tantos outros!

As novas tecnologias nos propõem a amizade constante de centenas de milhares de seres que podem ser (ou não, talvez) inventados. Essas relações voláteis, dizem as grandes companhias mercantis, devem bastar para sermos felizes. No entanto, apesar da sua poderosa insistência, esses amigos virtuais não são os que nos acompanham na nossa solidão. Podemos trocar com eles patéticas bobagens, mas, se somos leitores, não são os habitantes do Facebook que nos explicam, e aconselham, e consolam.

Na remota infância da minha geração, meus parceiros de brincadeiras foram Alice e Pinóquio, Sandokan e Fantomas; provavelmente, as crianças leitoras de hoje têm como companheiros Harry Potter e os monstros de Maurice Sendak. Todos esses personagens são tão fiéis que pouco se importam com nossos achaques e fraquezas. Agora que meus ossos mal me permitem alcançar os livros das prateleiras mais baixas, Sandokan continua me chamando para a aventura e Fantomas continua me incitando a me vingar dos estúpidos, enquanto Alice, com muita paciência, volta a me contar o mundo através daquele espelho que logo será minha vez de atravessar, e Pinóquio continua me perguntando por que não basta ser esforçado e honesto para ser feliz. E eu, assim como me acontecia lá longe e faz tempo, continuo sem achar uma resposta.

Nesta época em que as mentiras são consideradas verdades alternativas e a suposta informação fidedigna, o produto de um capricho, festivais como este afirmam e reafirmam essas ficções verdadeiras, essas amizades duradouras e necessárias, tanto para nós como para as próximas gerações.

Mapas do Paraíso

Para os gregos, as almas dos mortos viajavam todas para um mesmo lugar, chamado Hades, onde aguardavam seu destino em cinzentos campos de asfódelos. Aqueles que tivessem ofendido os deuses eram condenados ao Tártaro, onde eram torturados; os que gozavam do favor divino eram levados às Ilhas Benditas ou ao Eliseu. O Hades fica embaixo da terra ou além-mares; em certos casos excepcionais, pode ser visitado por quem ainda está vivo. Odisseu, Orfeu e Eneias estão entre os privilegiados.

Acabo de descrever um território além-túmulo, são milhares. Todos os povos do mundo imaginaram alguma versão do além em que os bons são premiados e os maus são castigados. Há quem julgue que semelhantes promessas corrompem. Ivo, bispo de Chartres, incumbido de uma missão por São Luís, rei da França, contou ao rei que, em seu caminho, deparou-se com uma senhora de aspecto melancólico, que levava uma tocha numa mão e uma vasilha na outra. Curioso por saber qual era seu propósito, o bispo perguntou-lhe o que se propunha fazer com seu fogo e sua água. "A água é para apagar o Inferno", respondeu a dama, "e o fogo, para incendiar o Paraíso. Quero que os homens amem a Deus somente pelo amor a Deus." Por mais admirável que possa nos parecer essa empresa, a noção de Paraíso (assim como a de Inferno) persiste com seus celestes encantos: um lugar futuro, ao alcance de almas com ficha limpa (embora caiba lembrar que a única pessoa que recebeu a promessa do Paraíso diretamente dos lábios de Jesus foi um ladrão).

Mas há outro Paraíso, mais concreto, mais imaginável, talvez mais acessível, um lugar passado onde, um dia, tivemos o direito de morar e do qual fomos expulsos. O primeiro Paraíso é intangível, extraterrestre, espiritual, retratado numa linguagem de metáforas e alegorias. O segundo (queremos crer) é concreto, sensual, oculto, mas deste mundo e, portanto, dotado de uma autêntica cartografia.

Existe confusão entre Paraíso e Paraíso, entre o Paraíso celeste supostamente prometido aos justos e o Éden terrestre supostamente perdido. A confusão (e a distinção) não é nova. Entre as mais de 4.500 páginas que compõem o *Zibaldone*, livro que se conta entre os mais estranhos, pessoais e ambiciosos da biblioteca universal, há algumas em que Giacomo Leopardi, no início do século XIX, decidido a refletir sobre todas as coisas, se pergunta sobre o sentido desse Paraíso terrestre. Segundo Leopardi, o paraíso em que Adão e Eva foram criados era um território de prazeres materiais e carnais, um *paradiso voluptatis* que devia ser cultivado e protegido. Diferentemente do Paraíso Celeste que os justos esperam encontrar, depois da morte do corpo, o Paraíso Terrestre (embora perdido) tem algo de verossímil, de material e até de carnal, sem injustiças trabalhistas, abusos econômicos nem angústias filosóficas: uma espécie de Club Méditerranée, digamos assim, *avant la lettre*. Diante de tais encantos, o ascético Paraíso por vir torna-se vago até o impossível. Leopardi anota:

> A felicidade prometida pelo cristianismo nunca pode parecer desejável a um mortal [...] E ouso dizer que a felicidade prometida pelo paganismo (e por outras religiões), por mais mesquinha e pobre que fosse, devia parecer mais desejável, especialmente ao homem infeliz e desafortunado, e a esperança daquela felicidade devia ser muito mais consoladora e tranquilizadora, por ser algo concebível, material, da natureza que necessariamente se deseja aqui na terra.

O outro, o Paraíso Terrestre ou Éden, é, segundo o Gênesis, um jardim onde até Deus gosta de passear. Etimologicamente houve quem quisesse associá-lo à palavra hebraica *miqedem*, que tem um significado espacial ("no Oriente") ou temporal ("fim do princípio"). Segundo o *Dicionário bíblico*, editado por Paul J. Achtemeier, deriva de *edem*, que quer dizer "luxo, prazer, delícia". Achtemeier assinala, no entanto, que filólogos modernos o associam a uma palavra suméria, *edin*, que pode ser traduzida por "planície" ou "pradaria". Ao longo dos séculos, o Éden foi transmitindo suas prazerosas características a uma nostalgia imaginária: a da Idade de Ouro clássica, em que o mundo inteiro era um jardim, *quand'era cibo il latte*, como diz Guarini, *del pargoletto mondo e culla il bosco;/ e i cari parti loro/ godean le gregge intatte,/ nè temea il mondo ancor ferro nè tosco!*[14]. Esse é o traço essencial do Éden: ser conjugado no tempo pretérito, como desejo do perdido, do negado, do agora proibido. É a Terra como queríamos que fosse, como sonhamos que foi. Por isso acreditamos, com mais ou menos fé, que ainda podemos reencontrá-la.

A busca do Paraíso Terrestre possui uma vasta biblioteca cartográfica. Centenas de documentos manuscritos e impressos e uma bibliografia que ocupa várias páginas, incluindo as fontes secundárias e os *sites* da *Web*, permitiram a Alessandro Scafi montar, no ano passado [2013], uma magnífica exposição no British Museum, em Londres, acompanhada de um catálogo magistral, *O Paraíso Terrestre: Mapas do Éden*. Os testemunhos são muitíssimos, e poucos autores pesquisados por Scafi tiveram os escrúpulos de Sir John Mandeville, que, no século XIV, afirmou: "Do Paraíso nada posso dizer, porque lá não estive". Ao contrário, sem ato de presença, viajantes, historiadores, geógrafos, místicos e visionários afirmaram com imperturbável convicção que o Éden se encontrava (ou se encontra) na Mesopotâmia, na Inglaterra, em Jerusalém, na confluência entre Ásia, Europa e África, no norte da Índia, na foz do Ganges, na Pérsia setentrional, nas montanhas do

---

14 Na tradução de Tomé Joaquim Gonzaga (1789): [Oh! Século Dourado!/] Quando recém-nascido o mundo tinha/ por berço o bosque, o leite por sustento!/ De pingue ileso gado/ Gozava a amada prole, então não vinha/ Turbar o mundo o ferro violento. [N.T.]

Líbano. Alguns cronistas são de uma precisão exemplar: segundo Jean Mansel, por exemplo, em seu *La Fleur des histoires*, composto entre 1460 e 1470, as águas dos rios do Paraíso caem de tal altura que seu estrondo ensurdeceu todos os habitantes das regiões vizinhas. O livro de Scafi é instrutivo, engraçado, erudito e (aos olhos deste leitor profano) absolutamente exaustivo.

Em seu longo percurso, da alta Idade Média até os dias de hoje, Scafi inclui uma série de versões modernas de mapas paradisíacos, feitos por artistas tão diversos como Hendrikje Kühne, Beat Klein, Ilya e Emilia Kabakov, que tentaram resgatar a ideia de um Paraíso Terrestre para o nosso já desenganado século XXI. Penso, no entanto, que há mais uma versão dessa ideia perene.

Em 1615, 6 anos depois de assinado o decreto de expulsão dos últimos mouriscos da Espanha, Cervantes publicou, em Madri, a segunda parte de *D. Quixote de La Mancha*. No capítulo 54, Sancho se encontra com um antigo vizinho, o mourisco Ricote, que, exilado com os irmãos de sangue, voltou a sua terra natal disfarçado de peregrino. "Fomos castigados com a pena do desterro", diz Ricote a Sancho,

> branda e suave ao parecer de alguns, mas ao nosso a mais terrível que se nos podia dar. Onde quer que estejamos choramos pela Espanha, pois afinal nascemos nela e é ela a nossa pátria natural; em parte alguma achamos a acolhida que a nossa desventura deseja, e na Berbéria e em todas as partes da África onde esperávamos ser recebidos, acolhidos e regalados, é lá onde mais nos ofendem e maltratam.

Exílio e asilo: ambas as visões, a de uma terra abandonada e a de uma terra prometida, mesclam-se nessa Espanha que rejeita Ricote e que ele recorda com saudade, confundindo-se numa cartografia ilusória e circular.

Para Ricote, essa Espanha da qual ele foi banido é (sejamos literais) o Paraíso perdido, o lugar aonde quer chegar e o lugar de onde queria nunca ter saído. Para ele, assim como para seus herdeiros, expulsão, deportação, exílio se unem num só gesto de desterro que transforma sua terra em terra alheia. Talvez exista outro Paraíso além dos mares, mas Ricote e seus pares não o encontraram. Em compensação, continuam sonhando com os íntimos mapas de seus Édens perdidos, chamem-se eles al-Andalus, Palestina, Marrocos, Albânia, a América Latina das ditaduras militares, Iraque, Curdistão, Chechênia, Darfur, Etiópia... Infelizmente, como bem sabemos, a geografia do Paraíso é mais vasta que a própria Terra.

As lágrimas de Isaac

> *[...] serán mis lágrimas lengua,*
> *y voces los ojos míos.*[15]
> Lope de Vega, *La pastoral de Jacinto*

Faz muitas décadas, por motivos que já esqueci, fui parar por alguns dias na região de Tassili, no deserto argelino, perto do oásis de Djanet. Se não me engano, tinha ido lá conhecer umas cavernas famosas por sua decoração com pinturas e entalhes de animais e seres humanos – girafas, bisontes, crocodilos, rinocerontes, um antílope agonizante, caçadores e dançarinos, e certas figuras antropomórficas com cabeças de ciclope –, tudo feito há cerca de 9 ou 10 mil anos, quando o Saara ainda era verde. É impossível contemplar essas imagens e não ver nelas relatos de aventuras, de ritos, de uma vida social da qual não sabemos nada, salvo o que esses retalhos de memória nos proporcionam e que, entregues à nossa imaginação, deformamos ou traduzimos para nossa parca experiência pessoal. O que podemos saber, da perspectiva deste nosso longínquo século XXI, das fadigas e suores, dos medos e valentias daqueles talentosos avós? Essas figuras humanas, grandes e pequenas, seriam pais instruindo seus filhos nas artes da caça, das danças rituais, dos códigos sociais da tribo da qual começam a fazer parte? Estariam ensinando a essas antigas crianças os nomes

---

15 "[...] serão minhas lágrimas língua,/ e vozes os olhos meus." [N.E.]

das coisas do mundo que estão descobrindo, das plantas, das estrelas e dos animais? Talvez nessas primeiras cenas esteja o germe daquele episódio mágico do Gênesis, em que Deus, como um pai severo, conduz Adão até a presença das criaturas recém-criadas para que ele veja "como ele as chamaria: cada qual devia levar o nome que o homem lhe desse". Talvez esses primeiros ritos tenham sido ritos da palavra.

Acertadamente ou não, alguma coisa nós resgatamos, reconstituímos a partir dessas esmolas iconográficas que as cavernas de Tassili nos concedem. A partir do impulso narrativo que define nossa espécie, a partir do esforço de entendimento que nossa imaginação faz para dar sentido ao mundo, uma certa verdade que não é de todo falsa surge da nossa leitura de um código de signos cuja gramática esquecemos.

A escrita simbólica é uma invenção muito mais recente. Em meados da década de 1960, foram descobertos, na Grécia e na Romênia, alguns túmulos onde se acharam, entre fragmentos de cerâmica, umas poucas medalhas ou amuletos com inscrições que ainda não foram decifradas. São objetos pequenos com sinais semelhantes ao nosso D maiúsculo, riscos atravessados por linhas diagonais, cruzes que talvez (não sabemos) signifiquem algo. A ser assim, esses amuletos, que datam do sexto milênio a.C., seriam os primeiros exemplos que temos de uma linguagem escrita, não de um sistema sintático integral, mas de uns poucos signos isolados, uma espécie de intuição do ato mágico ainda por vir.

A elaboração de um sistema coerente e integral de escrita ocorre dois milênios depois, em algum lugar da Mesopotâmia. No quarto milênio a.C., um comerciante inspirado experimentou uma forma de documentar uma transação comercial. Duas tabuletas de argila preservadas, até faz alguns anos, no Museu Arqueológico de Bagdá, cada uma delas não maior que a palma da mão de uma criança, têm inscritos o rudimentar desenho de um animal – uma ovelha ou uma cabra – e um buraquinho feito com o dedo indicador, que, segundo esses mesmos historiadores, representa o número 10. Assim, o antigo comerciante podia se certificar de que qualquer pessoa, em qualquer lugar próximo ou distante, em qualquer momento, presente ou futuro, que soubesse o significado desses signos, saberia que dez ovelhas (ou cabras) foram vendidas (ou compradas). Esse gesto tem uma importância incalculável. Com esses poucos e discretos traços, aquele gênio anônimo eliminou de repente os dois maiores obstáculos com os quais todo ser humano se depara, o tempo e o espaço, e legou a nós, seus afortunados descendentes, uma extensão quase ilimitada do poder da memória. A invenção da escrita nos concedeu uma espécie de modesta imortalidade.

Foi o que eu senti, lá longe e faz tempo, na tarde em que, acompanhando o jovem Axel de Hamburgo, desci pelo vulcão Sneffels até o centro da Terra, seguindo os rastros de Arne Saknussemm. Eu estava lá, com aqueles intrépidos aventureiros, lá, num dos limites do mundo, lá, num século que não era o meu. Com o livro de Verne na mão, eu me despojava da minha identidade convencional, do nome que meus pais tinham me dado, da minha idade e nacionalidade declaradas na certidão de nascimento, de qualquer limite, salvo aquele que meus temores impunham à minha incipiente curiosidade. Soube, então, intuitivamente, que aquilo que me animava não era uma necessidade como respirar ou beber água, mas algo que eu então não soube nomear, mas agora sei que era desejo: o desejo do que ainda não tinha acontecido, que jazia além do horizonte e se transformaria, com o passar dos anos, em costume essencial. A leitura me oferecia, e ainda me oferece, como espectador privilegiado, o reino deste mundo e de qualquer outro mundo imaginável, de maneira mais íntima e convincente que a própria realidade. Quando, muitos anos depois, viajei à Islândia e me encontrei aos pés do Sneffels, apesar da majestosa beleza tangível do vulcão, fiquei um tanto desapontado.

Um privilégio como esse encerra um paradoxo.

Durante uma adolescência que me parece agora ter durado uma vida inteira, quando o desejo, ao mesmo tempo que minha incipiente libido, começou a se tornar uma necessidade vital, eu sentia que os personagens dos meus livros eram um caleidoscópio de traços fragmentários daquela pessoa cambiante que eu descobria todas as manhãs diante do espelho. As incômodas variações de tamanho das pessoas que o Capitão Gulliver visita, o atroz inseto no qual o pobre Gregor deve se reconhecer, o nome Kim que Kim deve repetir a si mesmo para não esquecer quem é durante a cerimônia iniciática, a identidade que Ulisses escolhe quando diz ao Ciclope que seu nome é Ninguém – estes e tantos outros me evocavam nas páginas dos meus livros. Eu sentia que Alice, perdida no fundo do poço onde caíra, ecoava minhas angústias existenciais. Pensando que talvez já não fosse ela mesma, mas outra, a tola Mabel, Alice pensa: "Se sou Mabel, vou ficar aqui! Não vai adiantar nada eles encostarem suas cabeças no chão e pedirem: 'Volte para cá, querida!'. Vou simplesmente olhar para cima e dizer 'Então sou eu? Primeiro me digam; aí, se eu gostar de ser essa pessoa, eu subo; se não, fico aqui embaixo até ser alguma outra pessoa'...". Assim como Alice, eu também não queria ser Mabel. E meus livros me davam a imensamente generosa possibilidade de ser quem eu bem entendesse.

Frei Luís de Granada, retomando uma metáfora que no século XVI já era um lugar-comum, descreve o mundo como um livro escrito por Deus e oferecido "a todas as nações", e nos recrimina que, diante desse texto maravilhoso, sejamos "qual crianças que, postas defronte a um livro que traz algumas letras iluminadas e douradas, folgam de as olhar e brincar com elas, e não leem o que dizem nem têm conta do que significam". A antiga metáfora se desdobra sobre si mesma: os livros são então mundos de papel e tinta (ou eletrônicos) em que tentamos ler nossa realidade de carne e osso. Ao contrário do livro de Deus, que, como adverte Frei Luís, contém uma narração muito complexa para o pobre entendimento humano, os livros humanos, que modestamente não aspiram a conter a inteira narração do universo, mas uma mera intuição dele, nos oferecem ainda assim um catálogo muito vasto de identidades entre as quais podemos conhecer ou reconhecer as nossas.

Essa é a convicção que me guia através das minhas bibliotecas. Página após página, volume após volume, procuro, conscientemente ou não, aquela fluida pessoa que, como o deus Proteu, muda de mentalidade e de forma de ano em ano e de hora em hora. Magicamente, fortuitamente, eu a encontro nos meus livros. No penúltimo capítulo de *Eugene Onegin*, de Púchkin, a apaixonada Tatiana visita a casa de campo do herói, ausente após seu duelo de morte com Lensky. Tatiana percorre a biblioteca do amado e, chorando muito, folheia seus livros à procura da "verdadeira personalidade" daquele homem aparentemente tão frio e insensível. Nas notas escritas à margem, em certa palavra críptica, num xis ou num ponto de interrogação, Tatiana acredita descobrir a fugidia imagem do verdadeiro Onegin, do Onegin definido por suas leituras. Porque Tatiana sabe que, para todo leitor, sua biblioteca é uma espécie de autobiografia.

Concordo com ela. Eu me reconheço em Chapeuzinho Vermelho e sua desobediência civil, e não na obediente Cinderela; nas aventuras de Lazarillo, mas não nas do Cid; mais no desajeitado doutor Watson que no perspicaz Sherlock Holmes; em Fausto, mais do que em Orestes; e agora, nestes últimos anos, no Rei Lear e sua desesperada velhice, como antes me identificava com suas filhas impacientes. Esses reconhecimentos não primam pela lógica nem pela veracidade histórica. Quando Hamlet declara que a morte é "o país não descoberto, de cujos confins jamais voltou nenhum viajante"[16], acredito na verdade poética de suas palavras, apesar de ter sido testemunha, alguns minutos antes, da aparição do fantasma do rei assassinado, um viajante que regressou justamente da morte para ordenar a seu filho que consumasse a postergada vingança.

Essas incontáveis primeiras pessoas do singular compõem um modesto retrato que esboça o leitor que serei quando chegar ao último capítulo. Minhas leituras compõem uma monstruosa cosmologia

---

16 William Shakespeare, *Hamlet*, trad. Millôr Fernandes, São Paulo: L&PM, 1999. [N.E.]

de espelhos que inclui todo instante e todo lugar da minha biografia. Na minha vida de leitor, *A República* e *Madame Bovary*, *O Idiota* e *O Capital*, *A noite escura da alma* e *O dia dos trífidos* são capítulos isolados de uma imensa saga cuja coerência e sentido apenas posso intuir. A Bíblia, composta por contos, crônicas históricas, provérbios, poemas líricos, textos proféticos e códigos legais, exemplo insigne desse gênero literário polimórfico, é mais um capítulo do meu livro voraz que contém todas as minhas leituras. Apesar de tamanhas ambições, sou dolorosamente consciente de que mesmo esse vasto volume não é, decerto, o próprio universo.

As religiões, sabendo perfeitamente que o dogma não convence ninguém, levam a cabo suas missões evangelizadoras através de relatos, fábulas e alegorias. Quando comecei a ler a Bíblia, na tradução de Cipriano de Valera, algumas dessas histórias se incorporaram fluentemente à minha biblioteca autobiográfica: a de Jonas tentando inutilmente pregar ao povo de Nínive; a do filho pródigo, recebido com generosa alegria pelo pai; a de Cristo expulsando os mercadores do templo (que Giotto ilustrou com um Cristo boxeador de punho erguido) e muitas mais. Outras me pareceram atrozes. A que mais me indignou (e continua a me indignar) foi a de Abraão e Isaac, com a inconcebível ordem que Deus dá àquele de sacrificar o próprio filho. Não me importa que seja uma mera prova de obediência, não me importa que o anjo detenha a mão de Abraão e substitua o filho por um carneiro. Abraão é o pai emblemático que, sem dúvida, iniciou o filho nos rituais da tribo, e também talvez (como o Deus do Gênesis) o tenha levado a nomear os animais, ensinando-lhe o poder taumatúrgico das palavras. Penso que a ideia de que um pai possa aceitar o mandato divino de matar esse filho está na raiz das maiores atrocidades cometidas pelas três religiões que têm Abraão como patriarca. Para mim, um deus que exige semelhante ato, mesmo sabendo que não será levado a cabo e que só o ordena para pôr à prova a devoção de um homem, não merece nem veneração nem respeito e, se fosse um personagem de ficção, o qualificaríamos de desprezível, como Laio, pai de Édipo, o bêbado Fiódor

Pavlovich Karamázov, o brutal carpinteiro Sorel de *O vermelho e o negro*, o rei Basílio, pai de Segismundo, e tantíssimos outros. A explicação etnográfica que enxerga no episódio uma lenda sobre o fim dos sacrifícios humanos dos antigos povos do deserto e o início de outros ritos mais ou menos simbólicos tampouco me convence. Minha biblioteca não é imparcial.

Esse é o paradoxo: sabemos que todo escrito humano é uma fortuita e insuficiente aproximação ao tumulto de conhecimentos, sonhos, afetos, reflexões e acontecimentos que todo momento abarca, e o que dizemos pertence à realidade histórica, sem jamais reproduzi-la por inteiro. Mas também sabemos que, às vezes, o próprio acaso nos oferece quatro ou cinco palavras impressas que parecem conter tudo.

Os antigos pensavam que só a divindade podia criar obras que reproduzissem fielmente as coisas da realidade. Platão, imitando Borges, ensinou que as únicas criações verdadeiras são as do próprio mundo, e que os poetas e artistas constroem apenas cópias imperfeitas desse *magnum opus*. O segundo mandamento mosaico proíbe fazer imagens ou figuras semelhantes ao "que há acima no céu, abaixo na terra, ou nas águas embaixo da terra" porque (dizem os comentadores rabínicos), no Dia do Juízo Final, o artista será chamado a dar vida à sua criação e se verá incapaz de fazê-lo. Dante, advertindo ao leitor, repetidas vezes, não ter palavras para nomear muito do que lhe é revelado no Além, avista, no primeiro patamar do Monte Purgatório, imagens esculpidas em mármore que "teriam feito inveja à própria Natureza". O mérito maior dessas obras divinas é sua verossimilhança, sua identificação total com as coisas do mundo real. Um poeta, nem mesmo Dante, por ser humano, jamais pode atingir tal perfeição.

São Bernardo, usando uma expressão que Santo Agostinho tomou de Platão, disse que um canto sacro mal executado pertencia à *regio dissimilitudinis*, a região da dessemelhança, que, para Agostinho, correspondia à sua própria condição antes de sua conversão, quando se sentia dessemelhante não só de Deus, mas de si mesmo. Todo leitor, até o mais profundo e perspicaz, nunca chega a ter uma compreensão total do texto; sempre se acha, como Agostinho, numa *regio dissimilitudinis* onde mal chega a vislumbrar a riqueza plena da obra literária. Contudo, essa cegueira é também um benefício. Porque, graças a essa dessemelhança entre nossa leitura de um texto e o próprio texto, entre a leitura do mundo e o próprio mundo, nessa zona de reflexos obscuros e gestos ambíguos, os leitores descobrem a plenitude de seus poderes. Aprendi desde cedo que a arte do leitor consiste em ler nas entrelinhas.

Relatar, escutar, escrever e ler são nossas prerrogativas. Não sabemos se em seus cantos as baleias relatam experiências comuns, nem se os gestos dos leões-marinhos acrescentam matizes pessoais aos latidos genéricos da espécie, mas a maioria dos cientistas sustenta que a invenção de histórias é uma arte própria do ser humano. Perdidos num universo em que nossas primitivas noções de tempo e de espaço não são válidas, em que nossas gramáticas e nosso senso de individualidade e alteridade estão ausentes, desde cedo nossa espécie começou a construir um tipo de universo paralelo imaginado, como um modelo ou mapa cosmológico em que damos nomes às coisas e traçamos constelações de causas e efeitos num esforço para dar sentido a essa coisa inefável que nos rodeia. Incapazes de aceitar que nosso cérebro não consegue conceber as onze dimensões do universo, nos tornamos cartógrafos do inconcebível.

O grande astrofísico Stephen Hawking disse numa entrevista: "Não exijo uma teoria que corresponda à realidade porque não sei o que é a realidade. A realidade não é uma qualidade que pode ser provada com papel de tornassol". O que não é, claro, uma defesa de verdades alternativas. Para Hawking, a realidade existe, embora não contemos com uma teoria capaz de demonstrá-la. Concordo plenamente, só que, para mim, a prova de realidade é a literatura. Por acaso, nas estantes de uma biblioteca de Nova York, encontrei uma volumosa antologia de poesia grega traduzida para o inglês que me pareceu interessante, e me pus a folheá-la. Numa de suas páginas, descobri um longo poema do século XVI sobre o sacrifício de Abraão. É um diálogo entre pai e filho, e nas últimas estrofes Isaac, aceitando sua sorte que parecia inevitável, diz as seguintes palavras a Abraão:

> Pai, já que do alto parece não vir gesto algum de misericórdia,
> Já que Aquele que julga assim julgou,
> Peço-te apenas uma graça antes de morrer:
> Por favor, não cortes meu pescoço insensivelmente:
> abraça-me com suave amor ao me matar.
> Assim poderás ver minhas lágrimas e ouvir meus rogos.

É isso que a literatura faz: ela nos permite contar nossa ancestral experiência de tantas maneiras quantas sejam necessárias, para poder ler nessas ficções, ainda que de forma imperfeita e obscura, o que suspeitamos ser a verdade.

Leituras guerreiras

Já faz muitos anos, meu sogro, que foi soldado do exército inglês no Japão, me deu de presente uma pequena antologia de bolso, editada com o título de *The Knapsack* ("A mochila") por Herbert Read, um renomado escritor hoje esquecido, infelizmente. O livro (que não possuo mais) tinha sido impresso pelo Ministério da Guerra britânico para ser lido pelos soldados: sua intenção declarada era "celebrar o gênio de Marte". E, no entanto, surpreendentemente, o tom da antologia era, acima de tudo, elegíaco e antibelicista. Dentre seus muitos textos, creio guardar a lembrança da descrição que Heródoto faz da batalha de Salamina, do elogio de T. E. Lawrence às hostes do deserto, da arenga de Henrique V no sítio de Harfleur, dos versos da *Ilíada* que narram a dor de Aquiles diante do corpo de Pátroclo, de uns parágrafos de Joinville contando a terrível cruzada do Egito. Os méritos da coragem, a morte honrosa, a obrigação de lutar pela pátria e outros lugares-comuns campeavam naquelas páginas, mas também os horrores dos massacres, a agonia das perdas, a arrogância e cobiça de certos chefes. Uma página de Montaigne, "Merecedor de punição é quem defende uma praça-forte além do razoável", dizia o seguinte: "Há quem se imagine tão altamente colocado que não lhe parece justo se o enfrente"[17]. Montaigne tinha em mente não apenas os tiranos do seu tempo.

---

17 Michel de Montaigne, *Ensaios*, trad. Sérgio Milliet, São Paulo: Editora 34, 2016. [N.E.]

A dificuldade em propor uma antologia de textos literários conveniente a um ministério da guerra é que esses textos parecem querer fugir do simples propósito de animar os soldados. Lemas publicitários, cartazes oficiais, discursos políticos podem, sem melindres, exaltar a luta armada; a literatura, pelo contrário, parece ser mais reticente. Quando no *Ájax*, de Sófocles, a deusa guerreira Atena tenta alegrar seu protegido Ulisses com a notícia de que seu inimigo, Ájax, jaz vítima de todo tipo de infortúnios, Ulisses responde: "Compadeço-me dele em seu grande infortúnio, embora seja o pior dos meus inimigos, pois ele está atado a um destino horrível. Medito ao mesmo tempo sobre a minha sorte e sobre a deste herói, pois vejo claramente que somos sombras ou efêmeros fantasmas"[18]. Ulisses não nega o confronto, não nega a inimizade que o leva à luta, mas tampouco se regozija com a desgraça do rival. Ser mais compassivo que os deuses é uma prerrogativa (nem sempre reconhecida) do ser humano.

Raymond Queneau observou que toda grande obra de arte é ou a *Odisseia* ou a *Ilíada*, porque toda vida é uma viagem e toda vida é uma batalha. Talvez por isso sua narração, mesmo nas convenções do gênero épico, nunca é apenas celebratória. Da Troia cantada por Homero recordamos a vitória dos gregos, mas também a terrível dor de Hécuba e de Príamo; das campanhas de Napoleão, na prosa de Chateaubriand, os refinamentos do estilo Império, mas também a morte de seu primo Armand "como um inseto esmagado pela mão imperial sobre a coroa"; dos infinitos romances sobre a Segunda Guerra Mundial, a derrota de Hitler e Mussolini, mas também o longo horror das trincheiras e das prisões. À morte gloriosa proclamada pelos hinos revolucionários, André Malraux responde com a voz de um soldado agonizante, em *La Voie royale*: "Não existe... a morte... Só existo *eu... eu... que me estou morrendo!*".

---

18 Sófocles, *Ájax: uma tragédia grega*, trad. Mário da Gama Kury, Rio de Janeiro: Zahar, 1993. [N.E.]

Quando, na segunda parte de *D. Quixote*, o duque diz a Sancho que, como governador da ilha Barataria, deverá vestir-se "parte de letrado e parte de capitão, porque na ínsula que vos dou tanto são mister as armas como as letras, e as letras como as armas"[19], está refutando não só a clássica dicotomia, mas definindo também as duas obrigatórias vocações de todo governante, se por uma entendemos a ação e pela outra a reflexão. Nossos atos exigem a justificativa das nossas letras e nossa literatura, a crônica dos nossos empenhos. Agir, portanto (tanto na paz como na guerra), é uma extensão das nossas leituras, cujas páginas contêm a possibilidade de uma experiência já vivida por outros e posta em palavras para nos guiar; ao mesmo tempo, ler é reconhecer, numa combinação mágica de letras, intuições do incerto futuro e lições do imutável passado. Na essência, não mudamos: somos os mesmos macacos eretos que, há uns poucos milhões de anos, descobrimos numa pedra ou num pedaço de madeira instrumentos de batalha, enquanto plasmávamos nas paredes das cavernas bucólicas imagens cotidianas e as pacíficas palmas das nossas mãos. Somos como o jovem Alexandre, que, por um lado, sonhava com sangrentas batalhas para conquistar o mundo e, por outro, sempre levava consigo os livros de Homero que falam do sofrimento gerado pela guerra e da nostalgia de Ítaca. Assim como os gregos, nós nos deixamos governar por anciões doentes e cobiçosos, para quem a morte é sempre uma coisa sem importância porque alheia, e, livro após livro, tentamos dar forma à convicção profunda de que não deveria ser assim. Todos os nossos atos (mesmo os amorosos) são violentos, e todas as nossas artes (até as que descrevem esses atos) contradizem essa violência. Nossas bibliotecas existem na tensão entre esses dois estados.

Nestes dias difíceis (como todos), nossos livros talvez sirvam para nos lembrar que as divisões políticas entre bons e maus, justos e injustos, cristãos e pagãos são menos claras do que afirmam os discursos políticos. A realidade da literatura (que, em última instância, encerra

---

[19] Cervantes, *D. Quixote*, op. cit.

o pouco conhecimento que nos é permitido) é intimamente ambígua, existe sempre entre tons e cores diversas, é fragmentária, é cambiante, nunca se inclina absolutamente por ninguém, por mais heroico que pareça. Na nossa intuição literária do mundo, adivinhamos (com Milton e com o autor do poema de Jó) que nem sequer Deus é irrepreensível; muito menos nossos queridos Simbad, *Doña* Emilia, Cândido, Bartleby, Gregor Samsa, Ana Karênina, Alonso Quijano.

Mas essa mesma ambiguidade essencial da literatura não é arbitrária nem indecisa. Diz um certo leitor de Cide Hamete a propósito do seu livro: "Pinta os pensamentos, descobre as imaginações, responde às tácitas, esclarece as dúvidas, resolve os argumentos; enfim, todos os átomos do mais curioso desejo manifesta"[20]. Em épocas de crise, para seu almejado leitor, quase qualquer livro pode ser tudo isso.

---

20 *Ibidem.*

Bestiário

Ao longo da nossa arrogante história humana, mudamos muitas vezes nossa atitude em relação ao mundo animal. Fomos (somos) paternalistas, amedrontados, condescendentes, amorosos, insolentes, malvados, protetores. No papel de caçadores, adestradores, veterinários, açougueiros, ecologistas, e apesar dos argumentos de Darwin, sempre nos sentimos alheios (ou seja, superiores) às outras criaturas desta terra.

Segundo as Jatakas budistas, tudo o que vive pode ser classificado conforme o número de pés – dois, quatro, nenhum ou muitos –, e dizem que Buda encarnou em cada uma dessas quatro espécies, já que todo ser vivo é apenas mais uma gota no Grande Oceano. Os primeiros Padres da Igreja desacreditaram dessa unidade do universo e propuseram, em vez dela, uma drástica distinção entre homens e animais, separando os seres com alma (os humanos) daqueles que não a têm (as demais criaturas). Foi São Francisco que, no século XIII, nos aproximou do reino animal, "chamando toda criatura", como diz seu biógrafo, São Boaventura, "por menor que fosse, *irmão* ou *irmã*, pois sabia que eram nascidas da mesma fonte que ele". Segundo São Francisco, os animais são diferentes de nós não por serem inferiores, mas porque, em sua simplicidade de pobres bichos, se negaram a seguir o exemplo dos nossos pais pecadores, Adão e Eva. No Jardim do Éden, Adão conversava com os animais; depois da queda, o idioma das emas, das jaguatiricas e das capivaras tornou-se incompreensível para nós.

Dizem que o Rei Salomão, graças a um anel mágico, conseguia entender o canto dos pássaros. Nós (*pace* Dian Fossey e seus gorilas) não conseguimos entender nem nosso próprio cachorro, e o mundo animal é, para o sentido humano, feito de movimentos, de presenças misteriosas, um turbilhão de sons, como o louro de Mário de Andrade, um "papagaio falador" que era "papagaio-trombeta era o papagaio-curraleiro era o periquito cutapado era o xarã o peito-roxo o ajuru-curau o ajuru-curica arari ararica araraúna araraí araguaí arara-taua maracanã maitaca arara-piranga catorra teriba camiranga anaca anapura canindés tuins periquitos".

Mas não nos contentamos com a mera pergunta. No nosso anseio de interpretar o universo que nos cerca, cada criatura (como cada gesto, cada objeto, cada mudança de estação) assume um significado literário. Contagiamos o mundo de literatura: antes de ser o destino do Capitão Ahab (e, de certo modo, o de todos os seus leitores), a baleia foi a falsa ilha de São Brendan e de Simbad, o marujo, símbolo da nossa incerta existência, e, antes ainda, foi o monstro Behemoth, "cabeça dos caminhos de Deus" no entender de Jó, símbolo do mundo incompreensível. O destino, nossa vida, o universo: é muita coisa para carregar de significado uma única criatura, mesmo que seja do tamanho de uma baleia. No entanto, insistimos.

Nossa história é acompanhada de uma fauna simbólica. Alguns animais são imprescindíveis, eternos: dragões, unicórnios, salamandras, centauros e hipogrifos habitam o mundo desde sempre e em toda parte. Essa ubiquidade diminui sua eficácia. Um dragão ou um unicórnio diverte ao ser contado, mas, de modo geral, não como indivíduo, e sim como espécie. Benvenuto Cellini nos conta que, quando era pequeno, ao ver uma salamandra entre as brasas da lareira, seu pai lhe deu uma tremenda bofetada "para nunca esquecer que a viu". A grande baleia branca de Melville, única em seu vasto oceano, não precisa desse estímulo, talvez porque em si mesma não tem nada de fantástica. Para nos fazer entender que seu corpanzil não é alucinação nem metáfora, Melville rodeia sua baleia de outras, menos terríveis, que sulcam as águas nebulosas; de caçadas em alto-mar e sermões em terra firme; de informações antropológicas, zoológicas, climatológicas, navais, psicológicas, históricas; de sal e de sangue. Moby Dick apavora com sua enorme realidade, para além de qualquer valor simbólico.

As criaturas imaginárias mais eficazes da literatura compartilham essa sólida qualidade, não de verossimilhança, mas de verdade. Sabemos que são a invenção de um poeta, mas isso não basta para que nos pareçam inventadas. O meloso Platero e o enxuto Rocinante, as repetidas andorinhas de Bécquer e o vogante cisne de Darío, a intrépida anaconda de Quiroga e a fugaz fera que ataca os Infantes de Carrión, no *Poema del Mio Cid*, o axolotle que Cortázar admirou no Jardin des Plantes de Paris e o tigre que Borges admirou no Jardim Zoológico de Buenos Aires (na literatura de língua espanhola); o corvo de Poe e o rouxinol de Keats, a pulga que mordeu Donne e sua amada e a aranha em cuja teia Whitman viu a trama do mundo, o gato do Dr. No e o sabujo dos Baskerville, o papagaio que Flaubert deu à velha em *Un Coeur simple* e o vira-lata que Dickens deu a Sikes em *Oliver Twist*, o cachorro que esperou até a morte o regresso de Ulisses e o galo que cantou três vezes enquanto Pedro percorria as ruas de Jerusalém (em outras literaturas) são símbolos, sim, mas são acima de tudo presenças reais.

Não podemos prescindir do símbolo, mas os animais imaginários que povoam nossas literaturas nunca são meros emblemas mudos. Como seus parceiros de pelo e osso, eles nos falam num idioma que nunca soubemos ou que esquecemos. Não os entendemos, apesar da nossa metafísica, mas eles persistem. Atentos e memoráveis, zurram, relincham, piam, silvam, grasnam, miam e latem (ou cantam, como as baleias), povoando com suas vozes talvez sábias nosso solitário mundo cotidiano.

Leituras
liliputianas

Duas características essenciais definem o livro de bolso: seu dócil tamanho e sua vontade nômade. É por isso que o santo padroeiro dos livros de bolso é (ou deveria ser) um certo Lemuel Gulliver, viajante incansável e minucioso cronista do minúsculo reino de Lilliput. Discreto, leve, de fácil manuseio, modesto, o livro de bolso é, de toda a biblioteca, o que mais se dobra à vontade do leitor. Por ser portátil, não exige ser lido num lugar determinado, como os mastodônticos volumes de uma enciclopédia; por ser barato, não provoca no leitor que quer garatujar em suas margens o sentimento de *lèse-majesté* que causam seus irmãos mais aristocráticos de capa dura; por ser pequeno, não desdenha a bolsa nem, obviamente, o bolso, e se deixa levar para a cama como o mais dócil namorado.

Apesar de sua modéstia, tem origem nobre. Séculos depois de que o tablete de argila desse lugar ao rolo, os primeiros cristãos, temendo ser vistos com um texto sagrado proibido, dobraram o papiro ou pergaminho, de modo que pudesse ser escondido sob a roupa. Assim foram criados os primeiros livros de bolso, para proteger, dizem certos historiadores, a palavra do novo deus. Outros preferem pensar que a invenção deve ser creditada a Júlio César, que enviava suas cartas pessoais dobradas em forma de livrinho, criando assim os primeiros *tascabili*. Seja como for, o livro de bolso precede o livro de tamanho maior como uma espécie de modelo visionário, antecipando as listas telefônicas e os antifonários. Mais tarde, quando o códice substituiu definitivamente o rolo, o prestígio do texto passou a requerer tamanhos cada vez mais imensos e, como *de minimis non curat lex*, as leis e decretos oficiais da Idade Média desprezaram o aspecto prático do livro de bolso e exigiram formatos descomunais e incômodos. As outras artes seguiram o exemplo das legais, e o livro de bolso foi relegado ao servilismo de alguns breviários e livros de horas.

Pouco depois da invenção da imprensa, o genial editor veneziano Aldo Manuzio teve a ideia de resgatar o prestígio perdido do livro de bolso, criando uma coleção de clássicos refinadamente elaborados. Sua intenção era pôr nas mãos de todo leitor, por mais humilde que fosse, as obras-primas gregas e latinas. Teve um êxito parcial: no *Catálogo de preços das prostitutas de Veneza*, de 1535, consta uma tal Lucrezia Squarcia elogiada por apresentar entre suas virtudes a de ter lido Petrarca, Virgílio e "às vezes até Homero", nas edições aldinas de bolso. No entanto, os livros de Manuzio eram tão belos que os aristocratas acabaram comprando-os não para lê-los, mas para adornar suas bibliotecas, razão pela qual, ainda hoje, podem ser encontrados inúmeros exemplares impecáveis que nunca foram abertos por seus supostos leitores.

A popularidade dos livros de bolso aumenta e diminui periodicamente e nem sempre é bem acolhida. Quando, em 1935, o editor Allen Lane lançou os primeiros Penguin Books, George Orwell (que dificilmente poderia ser tachado de elitista) disse que, embora aplaudisse o projeto como leitor, como escritor o execrava "porque essa onda de reimpressões baratas acabará com a biblioteca de empréstimo (mãe adotiva do romancista) e derrubará a produção de obras novas". Orwell estava enganado. O livro de bolso não acabou com a biblioteca de empréstimo (a culpada por sua lenta agonia é, como se sabe, a indústria eletrônica) e, longe de derrubar a produção de obras novas, permitiu que estas fossem publicadas de maneira mais econômica, sem passar obrigatoriamente pela aristocracia da capa dura. Hoje os livros de bolso reinam soberanos, tanto entre seus congêneres de livraria como entre as linguiças e os chinelos do supermercado, oferecendo ao leitor que busca um discreto companheiro de estrada todo tipo de aventura, dos périplos mais ingênuos às clássicas viagens do perspicaz Lemuel Gulliver. Nestes dias em que é tão fácil esquecer os laços que nos unem a outros seres humanos, e em que as constantes mentiras do dogma e do preconceito nos separam implacavelmente uns dos outros, inventando solidões, vale a pena lembrar a frase que o lúcido John Adams disse a seu filho, em 1781: "Você nunca estará sozinho se levar um poeta no bolso".

Onde estão os intelectuais?

Durante a ditadura militar argentina dos anos 1970, confrontados a atrocidades que pareceriam inconcebíveis uma década antes, vários escritores tentaram analisar e denunciar os acontecimentos que estavam testemunhando. As suas não foram apenas denúncias pontuais, mas reflexões profundas sobre a natureza da violência sancionada pelo Estado e a corrupção moral subjacente ao discurso oficial. Em 24 de março de 1977, Rodolfo Walsh, escritor de ficção e jornalista investigativo, publicou uma "Carta aberta à Junta Militar" culpando-a pelos "quinze mil desaparecidos, dez mil presos, quatro mil mortos, dezenas de milhares de desterrados". A carta de Walsh terminava assim: "Estas são as reflexões que decidi levar aos membros da Junta no primeiro aniversário do seu governo infame, sem esperança de ser escutado, na certeza de ser perseguido, mas fiel ao compromisso que assumi há muito tempo de dar meu testemunho em momentos difíceis".

Isso foi há mais de 40 anos, e, se os "momentos difíceis" mudaram de protagonistas e de enredo, estão longe de ter acabado. Todos os dias, incontáveis eventos atrozes frequentam o noticiário, e, em vários países (Rússia, Síria, Turquia, Venezuela, China...), jornalistas e escritores continuam a ser presos, torturados e às vezes mortos por trazê-los a público. Mas em muitos outros, especialmente naqueles em que o governo disfarça suas atrocidades sob um manto de procedimentos aparentemente democráticos, é preciso muito mais que relatórios ocasionais e esparsos discursos políticos. Onde estão, nas nossas pretensas democracias, as vozes claras, coerentes e irrefutavelmente críticas da nossa época, não só denunciando, mas analisando em profundidade as causas de tantas atrocidades? Paul Nizan, no ensaio *Les Chiens de garde* (Os cães de guarda), de 1932, denunciou o silêncio de muitos pensadores do seu tempo. "Que fazem os pensadores profissionais em meio a esta comoção? Não rompem seu silêncio. Não alertam. Não denunciam. Não se transformam. Não se abalam. O abismo entre seu pensamento e o mundo à beira da catástrofe aumenta a cada semana, a cada dia, e eles não acordam." E acrescentou: "Todos os que ingenuamente esperavam por suas palavras começam a se revoltar, ou a rir".

Desde o tempo da antiga Atenas, no mínimo, dar testemunho em momentos de abuso estatal é considerado um dever de todo cidadão, parte da responsabilidade cívica de manter a sociedade mais ou menos equilibrada. Ao se deparar com as leis e normas oficiais, cabe ao indivíduo questioná-las permanentemente: é na tensão (ou no diálogo) entre as ordens do trono e a contestação das ruas que a sociedade deve existir. Essa atividade cívica, que Marx, em suas *Teses de Feuerbach* de 1845, chama atividade "prático-crítica", é o que Walsh considerava ser o papel definidor do intelectual.

Da Antiguidade até nossos dias, o intelectual tem assumido esse papel em todas as sociedades que estabelecemos. Seja cobrando honorários profissionais, como os sofistas, para comerciar no "mercado público das ideias", ou por simples amor à verdade e à justiça, como Sócrates; seja opondo-se aos rigores da Igreja ou aos abusos do Estado; homenageado por seus concidadãos ou difamado e perseguido por causa de suas declarações públicas, o intelectual exerceu, em quase todos os momentos da história, a função de voz crítica da sociedade.

Segundo alguns historiadores, a figura do intelectual moderno nasceu na Rússia de meados do século XIX, como membro da *intelligentsia* durante os protestos contra o regime tsarista; outros encontraram suas raízes nos *dreyfusards* liderados na França por Émile Zola; ou na Inglaterra de Coleridge, que cunhou o termo *clerisy* para definir a classe intelectual que, com a responsabilidade de defender a cultura de uma nação, se torna voz e espelho dos seus leitores; outros ainda encontram as origens do intelectual público nos escritores do Iluminismo, como Locke, Voltaire, Rousseau e Diderot. Acrescentemos a esse prestigioso catálogo o nome do argentino Mariano Moreno, livre-pensador e grande promotor da independência.

Esse papel, no entanto, não é uma prerrogativa exclusiva de escritores reconhecidos como Zola e Locke: todo ser humano deve ser capaz de pensar universalmente. Por vezes o intelectual notável é gente simples, que não possui aquilo que poderíamos chamar de voz profissional. São homens e mulheres que podem não ter (e geralmente não têm) consciência do papel que assumem, pessoas comuns que falam a partir de um núcleo ético, testemunhas críticas naturais do seu tempo. Aqui vale citar a observação de Gramsci: "Não existe atividade humana", escreveu ele em seu *Caderno 12*, "da qual se possa excluir toda intervenção intelectual, não se pode separar o *Homo faber* do *Homo sapiens*". Todo *Homo sapiens* pode, em certos momentos, se levantar e falar por todos os condenados a permanecer anônimos. Pouco antes dos eventos de Maio de 68, Edward Said definiu o intelectual nestes termos claros:

> O intelectual, no meu entender, não é um pacificador nem um construtor de consensos, mas alguém que empenha e arrisca todo seu ser com base num permanente senso crítico, alguém que recusa terminantemente as fórmulas simplistas e as ideias feitas, o endosso complacente das propostas e ações dos poderosos e demais conformistas.

O que precisamos agora é de intelectuais engajados que digam em alto e bom som que estamos num rumo suicida. Que nos lembrem, dia após dia e noite após noite, que a característica essencial da utopia é sua inexistência e que a responsabilidade dos intelectuais não é sonhar com projetos irrealizáveis de uma sociedade utópica, mas erguer sua voz para melhorar a sociedade que temos agora, precariamente enraizada nesta terra. É algo que se pode conseguir, ao menos em parte, pondo o espelho do mundo diante de todos nós que o habitamos, para nos envergonharmos da nossa inação. Num editorial recente do *New York Times*, o jornalista Charles Blow perguntou a seus concidadãos estadunidenses:

> Onde vocês estavam quando boiaram cadáveres no Rio Grande? O que vocês disseram quando este presidente se vangloriou de abusar de mulheres e defendeu os homens acusados de fazer o mesmo? Qual foi sua reação quando ele disse que havia gente muito boa entre os nazistas? Onde estava sua indignação quando as pessoas morriam aos milhares em Porto Rico? O que vocês fizeram? O que vocês disseram? E aos meus colegas de profissão: o que vocês escreveram?

Talvez esses intelectuais engajados estejam aqui entre nós, mas ainda não escutamos suas vozes com clareza nem os enxergamos em sua verdadeira estatura. Talvez, por sermos seus contemporâneos, estejamos perto demais deles, quando é necessária a distância de um século ou dois para identificar os Voltaires e os Sócrates do presente. Além dessa desvantagem da proximidade, hoje temos outra, mais séria, que abafa essas vozes onde quer que, como quero acreditar, elas se encontrem.

O século XXI é a era da descrença na palavra. Praticamente pela primeira vez na história, a linguagem não é em geral considerada um instrumento de razão que nos permite avaliar e transmitir a experiência da forma mais exata possível. Ambiguidade, imprecisão, aproximação sempre foram características inerentes da linguagem humana, mas apesar dessas fragilidades (que os poetas transformam em força literária) conseguimos construir escoras como o tom, a gramática e uma infinidade de recursos retóricos que até agora haviam sustentado o sentido e o significado da palavra de forma mais ou menos eficaz. Hoje, porém, o discurso público parece se basear quase que exclusivamente no apelo à emoção, e a incoerência já não é vista como uma debilidade do pensamento, e sim como prova de autenticidade, fruto não das maquinações de uma mente fria e calculista, mas de algo sincero que sai "das entranhas". Um tuíte ou um *slogan* publicitário tem hoje mais peso que um ensaio longamente amadurecido. Nesse clima de irracionalidade, o ato intelectual perde seu prestígio ancestral e, como estamos vendo acontecer, *fake news* e mentiras públicas passam a ter curso livre. Das tribunas do poder, os intelectuais são tachados de "inimigos do povo", como se estivessem sempre contra o cidadão comum, que são acusados de desprezar. Em meio a essas imputações de negligência e arrogância, é mais urgente e mais importante que nunca que vozes como a de Rodolfo Walsh deem seu testemunho categórico, como ele fez no passado. Nada pode justificar a hesitação intelectual.

Às portas do Inferno, Dante avista a multidão dos indecisos que o Inferno rejeita e o Paraíso não quer, correndo em círculos, acossados por moscas e vespas. "É o mísero valor", diz Virgílio, "daquelas almas tristes em seu choro que foram sem infâmia e sem louvor."[21] Devemos escolher, e a escolha com que todo intelectual hoje se defronta é entre ser ou não ser testemunha crítica do nosso tempo infame: não fechar os olhos à sorte dos fracos, dos desamparados, dos desterrados no esquecimento e arrastados à costa de Lampedusa ou às margens do Rio Grande. Mas também travar uma discussão racional com os que têm nas mãos as decisões estratégicas sobre o destino daqueles a quem se nega a voz. Em poucas palavras, a opção inarredável entre falar ou calar.

---

21 Dante Alighieri, *A Divina Comédia*, trad. Vasco Graça Moura, Lisboa: Quetzal, 2011. [N.E.]

Os ditados do ocaso

É difícil nos despedirmos. Há em cada despedida a secreta suspeita de que será a última, e, quando chega a última, tentamos continuar nos despedindo para permanecer no umbral o maior tempo possível. Não nos conformamos com ausências definitivas. Não queremos acreditar no poder absoluto da morte. Só a incredulidade nos consola.

Sêneca, leitor dos estoicos gregos que deu excelentes conselhos, mas não os seguiu, anota que não devemos nos assustar com a morte: "Não dispomos de pouco tempo", escreve com linguagem de banqueiro ao administrador de grãos Paulino, "mas desperdiçamos muito. A vida é longa o bastante e nos foi generosamente concedida para a execução de ações as mais importantes, caso toda ela seja bem aplicada"[22]. Sabe-se que esses conceitos já não eram novos no primeiro século de nossa era. Desde os tempos antigos, os romanos conceberam um além condicionado pelo nosso comportamento em vida. Virgílio (*Eneida*, VI) foi talvez o primeiro autor romano a conceder a esse lugar uma geografia precisa, com suas portas de entrada, sua sala de espera, seu lugar de castigo e seus Campos Elíseos, tudo habitado pelos mortos que continuam falando e existindo.

A morte gosta que falem dela. Talvez por isso tenha nos permitido reunir mais de 4 mil epitáfios latinos, preservados até hoje no *Corpus*

---

22 Sêneca, *Sobre a ira / Sobre a tranquilidade da alma*, trad. José Eduardo S. Lohner, São Paulo: Companhia das Letras/Penguin, 2014. [N.E.]

Inscriptionum Latinarum. Cícero, em suas *Tusculanas*, opina que "na morte continuamos a sentir, e quando os homens deixam esta vida, não são destruídos a ponto de morrer por completo", ideia esperançosa que um epigrama do *Corpus* resume belamente: "Sou cinza, a cinza é terra, a terra é uma deusa, portanto, não estou morto". Dogmas religiosos, legislações cívicas, éticas e estéticas, altas e baixas filosofias, a mística – tudo depende desse límpido silogismo.

Se os mortos "não são destruídos a ponto de morrer por completo", é bom manter com eles certa relação, certo diálogo, falar com eles e fazê-los falar. Os primeiros túmulos da paisagem romana foram etruscos, belamente decorados com cenas de festas funerárias e retratos de defuntos. Os romanos seguiram o costume fúnebre da civilização desaparecida, e acrescentaram a seus próprios túmulos palavras que, de início, apenas anunciavam o nome do falecido, faziam algum elogio sóbrio e lhe desejavam pouca penúria – "Que a terra te seja leve!" –, ou o faziam dizer cortesmente a quem passava "Salve, passante!". Embora a brevidade continuasse a ser característica dos epitáfios, com o tempo estes se tornaram mais individuais, mais poéticos, pretendendo continuar uma conversa com o parente ou amigo ausente, ou estabelecendo um vínculo de mortalidade entre os mortos e os que ainda estão vivos. No entanto, traduzidos em palavras, os sentimentos mais sinceros e as dores mais profundas se tornam artificiais. O epitáfio se transformou num gênero literário, irmão mais novo da elegia, e quase todos os grandes poetas latinos compuseram algum. Seu conjunto é uma espécie de antologia de fantasmas. Adultos e crianças, amigos e amantes, guerreiros e políticos, filósofos e artistas falam conosco do túmulo, formando um coro de vozes breves e comoventes. Talvez por sabermos que são palavras definitivas, nós as ouvimos de modo diferente, como se lêssemos só a conclusão de um romance ou as últimas páginas de uma biografia. É possível que não precisemos mais do que isso para recuperar uma presença que julgávamos perdida e para lhe conceder uma modesta imortalidade.

Nas primeiras páginas de *O jardim dos Finzi-Contini*, de Giorgio Bassani, um grupo de pessoas visita um cemitério etrusco ao norte de Roma. Uma menina pergunta ao pai por que os túmulos antigos nos entristecem mais que os túmulos recentes. "É fácil de entender", responde o pai. "As pessoas que morreram recentemente estão mais perto de nós, e justamente por isso nós as amamos mais. Já os etruscos, faz tanto tempo que eles morreram que é como se nunca tivessem vivido, como se tivessem estado *sempre* mortos."

Talvez seja essa a eternidade que nos comove nessas palavras de além-túmulo.

A arte de presentear

Em 1830, Helen Gladstone – irmã do célebre estadista inglês, cujo profundo puritanismo o incitou à autoflagelação penitente e ao insólito costume de pagar prostitutas para que, durante a hora do seu serviço, o escutassem pregar a Santa Palavra – apaixonou-se pela primeira vez. Seus pais e seu severo irmão não viram o namoro com bons olhos e obrigaram Helen a romper com seu pretendente. Desesperada e furiosa, Helen se entregou ao ópio e àquilo que, anos mais tarde, Marx chamaria "o ópio do povo". Viciada em láudano e convertida à Igreja de Roma, Helen instalou-se num hotel de quinta categoria em Baden-Baden. Seu irmão, sentindo-se na obrigação de resgatá-la de ambas as perdições, foi vê-la carregado de presentes: belos volumes, ilustrando a vida dos mártires protestantes no Japão. Helen não gostou do presente. Em vez de ler os livros para seu benefício, usou suas edificantes páginas como papel higiênico, e seu irmão encontrou os volumes, rasgados e desconjuntados, "com sinais que deixavam poucas dúvidas sobre o infame uso que ela dera a seus presentes".

Presentear é uma arte difícil. Requer conhecimentos de tipologia (como é a pessoa que receberá o obséquio?), de sociologia (que significado tem o obséquio em sua cultura?), de ética e moral (que grau de compromisso implica a quem presenteia?), de clarividência (como reagirá o presenteado?).

Conta Gibbon, no capítulo LXV de seu *Declínio e queda*, que, quando Ibrahim, príncipe de Shirvan, compareceu derrotado perante o Grande Tamerlão, alguém observou que (segundo o costume tártaro) havia entre suas oferendas nove rolos de seda, nove joias valiosíssimas, nove esplêndidos corcéis, mas somente oito escravos. "O nono sou eu", disse Ibrahim, e sua lisonja mereceu o sorriso do Tamerlão. Ibrahim devia conhecer bem a vaidade do imperador. Algo parecido (mas com um toque de ironia) foi o que fez H. L. Mencken ao presentear Gore Vidal com seu brilhante *Minority Report* sem dedicatória na página de rosto. Vidal desembrulhou o livro e foi direto ao índice à procura do próprio nome. Lá, entre "Victor, M. V." e "Viereck, George", leu "Vidal, Gore" e, de punho e letra do autor: *Sabia que você ia olhar aqui primeiro: cordiais saudações, Henry.*

Certos presentes podem acarretar conotações ignoradas por quem o oferece. Sabe-se que um japonês se ofenderá se for presenteado com algo que destaque o número 4, já que, no Japão, o 4 simboliza a morte, enquanto um chinês apreciará um presente duplo, já que o ideograma 2, em chinês, quer dizer "felicidade". "Sei o que te dei; não sei o que você recebeu", escreveu Antonio Porchia.

Presentear não é apenas um gesto de generosidade: é algo que cria uma dívida implícita da parte de quem o recebe. Quando, em *La verbena de La Paloma*, durante a quermesse da Virgem, o galã oferece à mocinha um xale da China, ela o aceita, mas esclarece que sem condições ("Bem-vindo o presente, se for sem malícia" etc.), pois a jovem perspicaz sabe muito bem que todo presente implica retribuição. E. M. Forster conta que um homem naufraga perto de uma pequena aldeia da costa grega e é resgatado por uns pescadores pobres. O homem é rico, os pescadores o "presentearam" com a vida. Como retribuir tamanho "presente"? Quanto vale sua vida? O homem passa o resto de seus dias na pequena aldeia, indeciso, incapaz de pôr preço à sua vida, sem retribuir a dádiva que recebeu e desprezado por todos.

Por fim, um presente pode tornar-se mágico pelo desejo de quem o oferece. A viúva de Osip Mandelstam conta que, quando ela e o marido viviam no miserável exílio interior que Stálin lhes impusera, receberam a visita de um amigo, o ator e ensaísta Vladimir Yakhontov. Mandelstam, cuja biblioteca havia sido confiscada, confessou ao amigo que do que ele mais sentia falta era de seus livros de poesia. Yakhontov disse que lhe daria um. Pegou as permissões de residência (válidas por três meses) que Stálin tinha concedido aos Mandelstam e as leu com ritmo entrecortado e tom lúgubre, como se estivesse recitando uma elegia: "Emitido sob a condição de... Emitido... Emitido com autoridade... Permissão de residência... Permissão de residência... Permissão de residência...".

Um pacto de vaidades (a do obsequiador e a do obsequiado), uma simbologia comum, a garantia de que o presente não traz consigo segundas intenções, a possibilidade de um milagre secreto que ocorre, de repente, entre quem dá e quem recebe o presente: toda essa assombrosa infinidade de significados acompanha implacavelmente o simples gesto de entregar um pacotinho. Eu, que quase sempre presenteio com livros, digo a mim mesmo (mas sem grandes esperanças) que talvez meu presente seja uma pequena epifania, como já me aconteceu com livros que ganhei. Penso naqueles que marcam momentos fundamentais: meu primeiro *Alice no País das Maravilhas* (que ganhei de uma amiga dos meus pais, de quem já não me lembro), *A ilha do Doutor Moreau*, de Wells (do meu melhor amigo no primário), os *Contos góticos*, de Isak Dinesen (de Edgardo Cozarinsky, dizendo-me que com isso eu entrava no seu seleto círculo de leitores), *Stalky & Co.*, de Kipling (de Borges, quando deixei Buenos Aires, em 1968), a primeira edição do *Journal du voleur*, de Genet (do meu editor francês, Hubert Nyssen), um pequeno *Tristram Shandy* em dois volumes (do meu filho, nos meus 40 anos), um velho romanceiro (de Ana Becciu, nos meus 50). Misteriosamente, para mim, um livro que ganhei traz com ele outro leitor na sombra: a voz, os gestos, o tom, o olhar de quem o presenteou.

Shakespeare e Cervantes

Nossa aptidão para enxergar constelações de estrelas distantes entre si, e geralmente mortas, vale para outros campos da nossa vida sensível. Reunimos numa mesma cartografia imaginária marcos geográficos dessemelhantes, fatos históricos isolados, pessoas cujo único ponto em comum é um idioma ou a data de aniversário. Com isso, criamos assim circunstâncias que só se justificariam segundo a astrologia ou a quiromancia e, baseados nesses sortilégios, tentamos responder a velhas perguntas metafísicas sobre o acaso e a fortuna. A quase coincidência da data de morte de William Shakespeare e Miguel de Cervantes nos leva não apenas a associar esses dois personagens singulares em forçosas comemorações oficiais, mas também a procurar uma identidade compartilhada nesses homens tão díspares.

Do ponto de vista histórico, suas realidades foram notoriamente distintas. A Inglaterra de Shakespeare transitou entre a autoridade de Elizabeth e de James, a primeira com ambições imperiais e o segundo com preocupações sobretudo internas, características refletidas em peças como *Hamlet* e *Júlio César*, por um lado, e em *Macbeth* e *Rei Lear*, por outro. O teatro era uma arte menosprezada na Inglaterra: quando Shakespeare morreu, depois de escrever algumas das peças hoje tidas universalmente como imprescindíveis para a nossa imaginação, não houve cerimônias oficiais em Stratford-upon-Avon, nenhum dos seus contemporâneos europeus escreveu uma elegia em sua homenagem e ninguém em toda a Inglaterra propôs que o dramaturgo fosse sepultado na Abadia de Westminster, onde jaziam escritores célebres como

Spencer e Chaucer. Shakespeare era (conforme o relato de John Aubrey, seu quase contemporâneo) filho de um açougueiro e, quando adolescente, gostava de recitar poemas diante dos estupefatos magarefes. Foi ator, empresário de teatro, coletor de impostos (como Cervantes) e não sabemos ao certo se chegou a fazer alguma viagem ao exterior. A primeira tradução de uma de suas peças foi publicada na Alemanha, em 1762, quase um século e meio depois da sua morte.

Cervantes viveu numa Espanha que estendia sua autoridade à porção do Novo Mundo que lhe fora outorgada no Tratado de Tordesilhas, com a cruz e a espada, degolando um "infinito número de almas", como diz o padre Las Casas, para "encher-se de riquezas em mui breves dias e subir a estados assaz altos e sem proporção de suas pessoas", com "a insaciável cobiça e ambição que tiveram, tamanhas como nunca houve no mundo". Por meio de sucessivas expulsões de judeus e muçulmanos e, mais tarde, de conversos, a Espanha pretendeu inventar para si uma identidade cristã pura, negando a realidade das suas raízes entremescladas. Nessas circunstâncias, *D. Quixote* tem muito de subversivo, seja por entregar a um mouro, Cide Hamete, a autoria daquela que será a obra máxima da literatura espanhola, seja pelo testemunho do mourisco Ricote, denunciando a infâmia dos decretos de expulsão. Miguel de Cervantes (como ele mesmo diz) "foi soldado muitos anos, e cinco e meio cativo. Perdeu na batalha de Lepanto a mão esquerda de um arcabuzaço, ferimento que, embora pareça feio, ele tem por formoso". Foi comissário da Armada na Andaluzia e coletor de impostos (como Shakespeare), esteve preso em Sevilha, foi membro da Congregação dos Servos do Santíssimo Sacramento e, mais tarde, noviço da Ordem Terceira. Seu *D. Quixote* conquistou tal fama que, quando saiu a segunda parte do livro, Cervantes pôde fazer o bacharel Carrasco dizer, sem exagero, "que tenho para mim que o dia de hoje já vão impressos mais de doze mil livros da tal história; se não, que o digam Portugal, Barcelona e Valência, onde os imprimiram; e ainda é fama que se está imprimindo em Antuérpia; e cuido que não há de haver nação nem língua onde não se traduza".

A língua de Shakespeare havia atingido seu ponto mais alto. Confluência de línguas germânicas e latinas, o riquíssimo vocabulário do inglês do século XVI permitiu a Shakespeare uma amplitude sonora e uma profundidade epistemológica impressionantes. Instrumento da Reforma, a língua inglesa foi submetida a um escrutínio severo dos censores. Em 1667, em *The History of the Royal Society of London*, o bispo Sprat alertou sobre os sedutores perigos oferecidos pelos extravagantes labirintos do barroco e recomendou restaurar a primitiva pureza e brevidade da linguagem, "quando os homens comunicavam certo número de coisas com número igual de palavras". Apesar dos magníficos exemplos de barroco inglês – Sir Thomas Browne, Robert Burton, o próprio Shakespeare, claro –, a Igreja Anglicana prescrevia exatidão e concisão, o que permitiria aos eleitos o entendimento da Verdade Revelada, como havia feito a equipe de tradutores da Bíblia por ordem do rei James. Shakespeare, no entanto, conseguiu milagrosamente ser, ao mesmo tempo, barroco e preciso, expansivo e escrupuloso. A acumulação de metáforas, a profusão de adjetivos, as mudanças de vocabulário e de tom aprofundam e não diluem o sentido dos seus versos. O talvez demasiadamente famoso monólogo de Hamlet seria impossível em espanhol, que exige escolher entre ser e estar. Em seis monossílabos ingleses, o Príncipe da Dinamarca define a preocupação essencial de todo ser humano consciente; Calderón, por seu turno, precisou de trinta versos espanhóis para dizer a mesma coisa.

    O espanhol de Cervantes é despreocupado, generoso, esbanjador. Importa-se mais com aquilo que conta do que como o conta, e menos com esse *como* do que com o puro prazer de alinhavar palavras. Frase após frase, parágrafo após parágrafo, é no fluir das palavras que percorremos os caminhos da sua Espanha poeirenta e difícil, e acompanhamos as violentas aventuras do herói justiceiro, e reconhecemos os personagens vivos de D. Quixote e Sancho. As inspiradas e sentidas declarações do primeiro e as vulgares e não menos sentidas palavras do segundo ganham vigor dramático na torrente verbal que as arrasta. De maneira essencial, a máquina literária inteira de *D. Quixote* é mais verossímil, mais compreensível, mais vigorosa que qualquer uma das suas partes. As citações cervantinas tiradas de contexto parecem quase banais; a obra completa é talvez o melhor romance já escrito, e o mais original.

Se nos entregarmos ao nosso impulso associativo, podemos considerar esses dois escritores como opostos ou complementares. Podemos ver um deles à luz (ou à sombra) da Reforma e o outro, da Contrarreforma. Podemos ver um como mestre de um gênero popular de pouco prestígio e o outro como mestre de um gênero popular de prestígio. Podemos vê-los como iguais, ambos artistas tentando empregar os meios ao seu dispor para criar obras iluminadas e geniais, sem saber que eram iluminadas e geniais. Shakespeare nunca reuniu os textos das suas peças teatrais (a tarefa ficou a cargo do seu amigo Ben Jonson), e Cervantes estava convencido de que sua fama dependeria dos seus *Viaje del Parnaso* e *Persiles y Sigismunda*.

Esses dois monstros se conheceram? Podemos deduzir que Shakespeare teve notícias de *D. Quixote* e que o leu, ou pelo menos leu o episódio de Cardenio, que depois transformou numa peça hoje perdida: Roger Chartier investigou detalhadamente essa hipótese tentadora. É quase certo que não se encontraram, mas se isso tivesse acontecido, é possível que nenhum dos dois reconhecesse no outro uma estrela de importância universal, ou que simplesmente não admitisse em sua órbita outro corpo celeste da mesma intensidade e magnitude. Quando Joyce e Proust se encontraram, trocaram três ou quatro frases banais, Joyce se queixou da sua dor de cabeça, Proust, da sua dor de estômago. Com Shakespeare e Cervantes talvez acontecesse algo parecido.

O conto

Não sabemos em que momento o contista soube que o que ele contava era um gênero literário. O certo é que, em alguma tarde da nossa história, o conto se diferenciou do poema, do romance e do ensaio e emergiu como um gênero literário distinto, para assim fornecer matéria para os professores universitários se manterem ocupados.

Para além dessas divisões burocráticas, no entanto, há certa verdade na noção de gênero literário. O leitor, todo leitor, intui que um conto não é um romance, e que a diferença entre um e outro pode ser medida (mas não definida) pelo número de páginas e por uma singularidade de propósito. Certa vez, Borges disse que escrevia contos porque achava um exagero escrever um romance. Por trás da blague, oculta-se uma certeza literária: o romance expande a narração, o conto a concentra. Os microcontos de Augusto Monterroso não podem ser lidos como microrromances; o equivalente dessa paródia, pelo lado do romance, é a quase interminável *Comédia humana*, de Balzac.

O conto mantém no nome que o designa nas línguas latinas a marca das suas origens certamente orais, qualidade essa preservada ainda hoje pelos narradores populares nas feiras e mercados do Marrocos, do Brasil, do Gabão. A escrita, que tudo formaliza (talvez por ter surgido como uma ferramenta de contabilidade, para somar ou subtrair cabeças de gado), começa desde bem cedo a conferir ao conto artifícios estilísticos e estratégias narrativas que logo se tornam convencionais. Definindo-se como fábula, parábola, anedota, piada, exemplo moral, narrativa erótica, histórica, psicológica, filosófica ou de terror, o conto adquire, conforme sua categoria, traços particulares que, tão logo são reconhecidos, os escritores se empenham em mudar. Assim, as histórias de fantasmas ("velhas como o medo", dizia Adolfo Bioy Casares), nos seus primórdios mesopotâmicos ou egípcios, por exemplo, deviam sua eficácia à simples aparição de um morto; depois, ao morto sob outras formas: de esqueleto, em Roma; de sombra, na Itália de Boccaccio; de raposa, na China e no Japão; finalmente, com os grandes autores do século XIX, o fantasma foi reduzido a uma ausência, algo invisível e, ao mesmo tempo, horrivelmente real. Mudanças semelhantes podem ser rastreadas nas demais categorias de conto, em que cada geração propõe novas maneiras de contar às quais, indefectivelmente, o leitor logo se habitua. Já no século XVIII, os leitores de contos mostravam tamanha habilidade na arte de antecipar as manobras do autor que Diderot se viu obrigado a frustrar essas expectativas com um conto que intitulou (imitando o futuro Magritte) "Isto não é um conto".

O conto é talvez o mais conservador dos gêneros. Ao longo dos séculos, muda de estilo e de tom, exalta ou recusa o impacto do final ou do início, troca a posição do narrador e do leitor, apregoa uma vontade fantástica ou documental, mas não altera, em termos gerais, sua identidade de texto concentrado. Embora seja possível encontrar exemplos de contos que fogem ao modelo tradicional (penso em "O jovem audaz no trapézio voador", de William Saroyan; "Dentro do bosque", de Akutagawa; "Pierre Menard, autor de *D. Quixote*", de Borges; "Monólogo de Isabel vendo chover em Macondo", de García Márquez), a maior parte deles segue o conselho do Rei, em *Alice no País das Maravilhas*: "Comece pelo começo e prossiga até chegar ao fim; então pare". Quase não existem narrativas de estrutura tão livre como *Tristram Shandy*, de Laurence Sterne, *Se um viajante numa noite de inverno*, de Calvino, ou *Memórias póstumas de Brás Cubas*, de Machado de Assis. E autores como James Joyce e Julio Cortázar, que transformaram o romance de forma tão brutal, escreveram contos deliciosamente clássicos, cuja originalidade reside na voz e na temática, não na forma do conto.

Alegando absurdas razões comerciais, os editores decretaram que os contos não vendem. Não vendem, declaram com uma mão no seu coraçãozinho, Poe, Kipling, Tchekhov, Katherine Mansfield, Maupassant,

Ernest Hemingway, Dino Buzzati, Juan Rulfo, Silvina Ocampo, Isak Dinesen, Alice Munro. Ainda assim, impávidos perante esses Jeremias, os escritores, mais do que nunca, continuam a escrever contos que os leitores continuam a ler. Talvez porque, em sua clássica e modesta precisão, o conto nos permita conceber a insuportável complexidade do mundo como uma íntima e breve epifania.

No mundo mercantil em que vivemos, julgamos as coisas pelo tamanho: uma torre de cem andares nos parece mais importante do que uma pequena casa colonial, um *outdoor*, mais valioso do que uma miniatura persa, um romance de mil páginas, mais admirável que um conto de dez. Quando ofereceram a William James, o psicólogo irmão do romancista, uma estatueta do filósofo Locke, James exclamou: "Qualquer um pode ter uma estátua; mas uma estatueta – eis aí a imortalidade".

A construção da Torre de Babel

Nós, humanos, somos essencialmente uma raça de arquitetos. Rotulamos nosso mundo e traçamos plantas dos territórios que nos rodeiam, buscando o horizonte e mudando de casa repetidas vezes ao longo de nossa vida itinerante. Construímos para ocupar terreno, tanto no tempo como no espaço. E assim, com compassos e croquis, definimos identidades próprias e alheias, pensando que nos apropriamos do mundo, sem saber que toda construção é fictícia, pois, como disse Quevedo, só "o fugidio permanece e dura". Assim como seu peregrino, buscamos Roma em Roma, e em Roma mesma, Roma não achamos: "cadáver são as que ostentou muralhas,/ e tumba de si próprio o Aventino". O desejo de povoar o espaço com construções acaba em ruínas.

    Todo desejo tem sua cartografia, todo mapa, seus pontos de partida e de chegada. Empenhados em encontrar sentido na incessante ligação de moléculas que nos armam e desarmam, desde muito cedo imaginamos que nossas ações correspondem a um sentido e uma meta, e que, portanto, tudo o que fazemos nesta terra possui um valor moral ou ético, sujeito ao juízo de um Administrador Supremo que nos recompensa ou castiga pelos nossos atos. Assim (dizem os poetas) nossa alma, aposentada com a morte da carne, passará a eternidade numa espécie de asilo de velhos, decente ou pavoroso, conforme o parecer da balança. Esse desejo é antigo, como atestam os túmulos construídos pelos primeiros arquitetos trogloditas. É o desejo de um Oscar Niemeyer, ontem, ou de um Rafael Viñoly, hoje, e foi a esperança dos ambiciosos arquitetos da Torre de Babel, como nos conta o livro do Gênesis.

Em 12 de setembro de 1917, aos 34 anos de idade, Franz Kafka, que durante muito tempo sofreu de uma tuberculose que acabaria por levá-lo ao túmulo, recusou-se a ser internado no sanatório, como queriam os médicos, e em vez disso se trasladou para o vilarejo de Zürau, na Boêmia, onde sua irmã Ottla morava numa chácara. Seu plano era descansar lá por algumas semanas; acabou ficando durante o que, em suas palavras, foram "os oito meses mais felizes da minha vida". Sob os cuidados da irmã, sentiu-se bem e descansado; comia, dormia e lia – somente autobiografias, obras filosóficas e epistolários, em tcheco e em francês. No mês da sua chegada, começou a escrever de novo: não contos, nem um novo romance, mas reflexões, fragmentos de pensamentos e aforismos que, por fim, foram publicados 7 anos depois da sua morte, em 1931, por seu amigo Max Brod, com o título de *Considerações sobre o pecado, o sofrimento, a esperança e o caminho verdadeiro*. Entre esses fragmentos, há dois especificamente que parecem se complementar e quase se contradizer. O primeiro, de número 18 no manuscrito conservado hoje na Biblioteca Bodleiana de Oxford, diz o seguinte: "Se tivesse sido possível construir a Torre de Babel sem escalá-la até o topo, ela teria sido permitida". O segundo é o de número 48: "Crer no progresso não significa crer que ele já aconteceu. Isso não é crença". O primeiro aforismo parece dizer que não foi a construção da Torre de Babel que provocou a ira divina, e sim o desejo de seus arquitetos de chegar ao Céu naquele momento, no presente dos construtores; esse desejo (uma forma de fé, como sugere o segundo aforismo) está condenado a ser enunciado sempre no futuro. Segundo Kafka, a língua em que formulamos nossos desejos, para ser efetiva, deve nos levar adiante, na direção de algo que ainda não se realizou.

O capítulo onze do Gênesis diz que as pessoas que sobreviveram ao Dilúvio falavam todas a mesma língua. Quando as águas baixaram, elas se trasladaram para o leste do Monte Ararat, até a terra de Shinar, onde decidiram construir uma cidade e, ao lado dela, uma torre que chegaria ao céu. Segundo uma exegese medieval judaica da história bíblica, quem promoveu essa empreitada colossal foi Nemrod, neto de Noé, cuja ambição desmedida era invadir o Reino de Deus. O povo de Nemrod estava dividido em três grupos: o primeiro queria guerrear contra o Céu; o segundo, erigir lá seus ídolos e adorá-los; o terceiro, atacar as hostes celestiais com arcos e flechas. Como castigo por todos esses desejos, Deus enviou seus anjos a fim de "confundir sua linguagem para que não mais se entendam uns aos outros". "A partir de então", diz o comentador anônimo, "ninguém soube mais o que o outro dizia; um pedia cimento, e o outro lhe dava um tijolo; o primeiro, enfurecido, atirava o tijolo no companheiro e o matava. Muitos pereceram desse modo, e o resto foi castigado conforme a natureza da sua rebeldia." Os que pretendiam tomar o Céu de assalto com armas se enfrentaram entre si com machados e espadas. Os que pretendiam lá adorar seus ídolos foram transformados em macacos ou fantasmas. Os que pretendiam guerrear contra Deus foram dispersados pela terra inteira e esqueceram que, um dia, tinham sido irmãos unidos por uma língua comum. Essa, dizem, é a razão pela qual hoje há conflitos por toda parte. Os comentaristas medievais acrescentam que o lugar em que a torre foi erguida nunca perdeu sua peculiar característica de provocar o esquecimento, e que, até hoje, quem passa por lá esquece tudo o que soube um dia. Assim como o desejo de progresso de Kafka, a construção de Babel não tem passado.

Em vez disso, os arquitetos da torre foram castigados com um presente em que incontáveis formas da fala fizeram da linguagem causa de divisão, distinção e segregação. E, no entanto, essa curiosa ideia segundo a qual uma língua comum preserva o tecido social, enquanto a multiplicidade de línguas o destrói, pode talvez ser interpretada não como um mero castigo, menos como a recusa de outras línguas, de outras formas criativas de comunicação, do que como consciência da importância de encontrar um meio comum, de compreender o que o outro diz e de fazer com que nos entenda e, por conseguinte, da importância do valor da arte visual e verbal, de construir no espaço e no tempo.

Mas resta a pergunta: será que podemos, por meio da arte, anular a maldição de Babel? Toda palavra, toda forma artificial, exige o conhecimento do outro, da sua capacidade de ver, ouvir e compreender, de ler e decifrar um código comum, e não existe nenhuma sociedade sem uma língua verbal e iconográfica compartilhada. O reverso do mito de Babel é o reconhecimento de que viver juntos implica utilizar a linguagem para conviver, já que é uma função que exige tanto a consciência de si mesmo como a consciência do outro, entender que há um *eu* que transmite a informação a um *tu* para dizer: "Este sou eu, é assim que eu te vejo, estas são as normas e os acordos que nos mantêm unidos através do espaço e acima do tempo". E por meio do conhecimento desse *tu* talvez seja possível, um dia, contar histórias que expliquem o que pedimos quando dizemos a palavra "cimento" e o que entendemos por "tijolo".

No pensamento ocidental, espaço e tempo mudam de mãos e de valor. Reivindicações territoriais e conquistas, direitos sobre bens de raiz, o tempo pago, perdido, matado, desfrutado e vendido por hora ou por semana encontram sua manifestação oficial na nossa geografia e na nossa história. Contudo, nesse fluxo espacial e temporal, nossas artes criativas são consideradas unidades imutáveis, fixadas em edições finais e emolduradas em edifícios que servem de museus e bibliotecas. O discurso ocidental exige do seu público a crença numa pré-história e num futuro que estão além da página ou da tela, uma longa narrativa da qual se extraiu a história eleita. A indústria editorial exige para uma obra um *nihil obstat*, a indústria imobiliária exige para um edifício uma última pedra angular. Mas para os artistas não há versão definitiva. Pierre Bonnard foi detido no Museu do Louvre por tentar retocar uma de suas próprias pinturas; Le Corbusier confessou a Victoria Ocampo que, para ele, uma obra terminada estava morta. Na imaginação de várias culturas indígenas, são o espaço e o tempo que permanecem constantes enquanto nós viajamos através deles: as histórias, por outro lado, mudam para deter o curso da memória, já que a narração de uma lenda é uma voz do passado e, ao mesmo tempo, uma voz contemporânea ao narrador. Para um ocidental, é difícil deixar de lado a noção cumulativa de tempo e aceitar que o que se imagina e se narra como se estivesse acontecendo ocorre num momento constante que é, ao mesmo tempo, presente, passado e futuro. Para os inuítes, por exemplo, é a história que viaja, não o tempo.

O movimento de um narrador no tempo ou de um arquiteto no espaço é um ato de resistência contra a ação de envelhecer, e decair, e virar pó: nós nos movemos para continuar sendo. Em *Através do espelho*, a Rainha Vermelha diz a Alice que ela deve correr para permanecer no mesmo lugar. "Na *nossa* terra", responde Alice, "geralmente você chegaria a algum outro lugar... se corresse muito rápido por um longo tempo, como fizemos." "Que terra mais pachorrenta!", responde a Rainha. "Pois *aqui* você tem de correr o mais que *pode* para continuar no mesmo lugar."

Essa ideia de uma história "ativa" que nos permite "continuar no mesmo lugar" pode ser associada aos argumentos do biólogo inglês Richard Dawkins: em termos biológicos, a imaginação é um mecanismo de sobrevivência desenvolvido para nos propiciar experiências que, embora não tenham raízes na realidade física, servem para nos educar e nos melhorar com a mesma força e eficácia daquelas que acontecem no mundo físico. Imaginamos (ou sonhamos, inventamos e repetimos) histórias e construções materiais que nos permitem representar e registrar processos de aprendizagem dos quais talvez não tenhamos plena consciência, num entrelaçar constante do que acontece no mundo com o que imaginamos que acontece. Nesse sentido, a história materialmente vivida e a história vivida na imaginação pertencem a uma mesma categoria. Com a diferença de que, nas sociedades ocidentais, concedemos ao cenário material um *status* simbólico de caráter concreto e sólido, reivindicando para ele direitos de propriedade, ao passo que relegamos as construções imaginárias ao terreno do irreal, por mais divertidas, aterrorizantes ou esclarecedoras que sejam. Søren Kierkegaard, que Kafka leu durante sua temporada em Zürau, escreveu em 1843 a seguinte observação kafkiana: "O que os filósofos têm a dizer sobre a realidade é tão enganador quanto uma placa de PASSA-SE ROUPA num mercado de pulgas. Quem trouxer sua roupa vai ver que se enganou: a placa está ali à venda".

A memória, na experiência ocidental, é nossa conexão com o sedimento acumulado ao longo do tempo. Para certos grupos indígenas, como os pirahãs, da Amazônia brasileira, a memória equivale exatamente à experiência presente: não falam de passado ou futuro, o que se lembra é a realidade que vivemos, física e imaginativamente. No ato de lembrar não há as "etapas" de conhecimento e reconhecimento. Somos aquilo que a experiência anterior nos ensinou, como comunidade ou como indivíduos (com o porém de que deveríamos descartar a ideia de "anterior"). A história que foi contada só existe enquanto história que está sendo contada agora. Nesse sentido, o cinema (a arte "moderna") é o meio ideal para essas memórias ancestrais, pois lhes confere um caráter imediato no momento em que são vistas, acrescentando a visão à oralidade e explicitando o caráter imediato da memória. Ou das memórias, no plural, já que são duas as que disputam a nossa confiança. A memória da sociedade, que nos é apresentada como contínua, coerente e dogmática, e a memória individual, caótica, fragmentada, constantemente posta em dúvida.

Mas quem a executa? Quem realiza esse processo de cura que deve se dar entre a sociedade e o indivíduo num tempo imóvel e num espaço impossível de cartografar? O filósofo francês Michel Serres cunhou um termo útil, o *tiers-instruit*, o "terceiro instruído" ou "trovador do conhecimento", que os antigos anglo-saxões chamavam "o fazedor". Serres utiliza esse termo como ponte entre as ciências naturais e as ciências humanas, mas ele também pode ser útil para encontrar uma ponte semelhante entre o indivíduo físico e a sociedade metafísica, entre a experiência do indivíduo e o grupo social a que pertence (que deve manter a definição de si mesmo dentro dos limites de tais considerações individuais e além delas). Esse papel pode ser desempenhado pelo ancião ou pelo xamã. O xamã, o "terceiro instruído", com a ajuda de um espírito auxiliar, pode conseguir que seu espírito abandone o corpo e mergulhe (como, segundo a lenda, fez o primeiro xamã inuíte) num abismo de escuridão e de luz que lhe permite reparar as desordens cósmicas produzidas pelos humanos. Todos os ritos xamânicos são realizados com a mão esquerda, o reverso da realidade física. Aos polos opostos e complementares de indivíduo e de grupo, o xamã acrescenta os representados simbolicamente pela esquerda e pela direita, pela realidade vivida e pela realidade dita, o mundo material e o mundo das histórias.

E assim voltamos à noção de Quevedo de que todo desejo de criação é vontade de sobreviver aos obstáculos do tempo e do espaço: reconhecer que todas as nossas construções são essencialmente suas próprias ruínas futuras, mas também seu monumento duradouro, e que a fraqueza essencial da palavra é prova das nossas pobres impossibilidades, mas também da nossa modesta imortalidade.

Desobediência civil

> *Qualquer pessoa que tenha lido a história da humanidade aprendeu que a desobediência é a virtude original do homem. O progresso é uma consequência da desobediência e da rebelião.*
> Oscar Wilde

A leitura pressupõe certa desobediência. Quase nenhum leitor – o verdadeiro leitor – lê servilmente as páginas de um livro na ordem exata dada pelo autor, tampouco no tom prescrito nem em busca da suposta moral do final. O verdadeiro leitor pode pular parágrafos, corrigir os erros que detecta, dar uma dicção irônica ao sentimental e uma trágica àquilo que, à primeira vista, parece cômico. Quando Cortázar propõe aos seus leitores escolherem a sequência dos capítulos de *O jogo da amarelinha*, ou quando Diderot, em *Jacques, o fatalista*, pergunta aos seus em que direção preferem avançar, estão apenas admitindo o que todo leitor intui: que um texto depende da leitura que os leitores escolhem fazer. Toda leitura, no seu sentido mais profundo, é subversiva.

Nenhuma sociedade humana é isenta de injustiça, e o leitor deve aprender a ler nas entrelinhas das histórias oficiais que sua sociedade lhe apresenta. Os muitos séculos da nossa história tentaram nos acostumar à ideia de que o sofrimento alheio é necessário para consolidar uma nação e dotá-la de terras e fama: a queda de Troia para a Grécia, o genocídio de Cartago para os romanos. Muitas sociedades do planeta foram fundadas sobre violências atrozes mais ou menos esquecidas. Nas Américas, com o alegado pretexto de uma guerra de independência ou de conquista, essas infâmias foram praticadas contra os povos aborígenes, estabelecendo, desde a fundação das nossas primeiras cidades, o princípio da desigualdade e do abuso de poder.

Outro dever do leitor é ser precavido. O estado de terror instaurado por todo regime ditatorial é sempre, em última instância, uma ocorrência inesperada. Quase ninguém, nas décadas que precederam o nazismo na Alemanha, o fascismo na Itália ou a ditadura militar na Argentina, podia prever a magnitude dos seus crimes, e até nos países em que os ditadores não são desconhecidos o fato de que essas abominações possam acontecer "em casa", aqui e agora, parece, na calma das vésperas, algo prodigiosamente impossível. Apesar das lições da história, todo país que se define como democrático (rótulo quase sempre discutível) acredita ser invulnerável aos grandes abusos do poder. E todo país se engana. Nenhum país, por mais consolidado que estejam seu contrato social e seu sistema de leis, está totalmente a salvo da corrupção e da violência estatal. Com o pretexto de proteger seus cidadãos, de melhor governá-los e melhor dirigi-los, o poder de um Estado supostamente democrático pode discretamente reformar uma lei, suprimir um direito, impor uma censura, para, em seguida, promulgar medidas de repressão que, passo a passo, eliminarão as normas constitucionais para instaurar, em seu lugar, o regime ditatorial. Nenhum país, nunca, em tempo algum, pôde contar com garantias de segurança, porque elas inexistem. A cada manhã corremos o risco de perder nossos direitos à tarde; a cada tarde, de perdê-los na manhã seguinte. É por isso que os professores devem ensinar, ou deveriam ensinar, que uma das obrigações fundamentais de todo cidadão é permanecer alerta e não aceitar a menor transgressão governamental, o menor abuso de poder. Outra obrigação é testemunhar.

Os horrores da história, não apenas a nacional, mas também a mundial, precisam ser contados para não ficar impunes. Mas essa narração, apesar do nosso anseio de verdade, não pode vir dos culpados. Os culpados podem confessar, podem acusar a si mesmos, mas não podem se explicar. A violência voluntária contra os outros, o desejo de infligir deliberadamente dor a outra criatura, o regozijo no sofrimento alheio, são todos atos que carecem de argumento. O algoz renuncia ao direito à palavra em favor da vítima. Só a vítima pode contar o ocorrido.

Como explicar essa ausência de voz no algoz? É como se o culpado por atos atrozes não soubesse ou não pudesse traduzir em palavras os horrores cometidos. Podemos contar um fato atroz em todos os seus detalhes sangrentos, podemos descrever o correspondente castigo atroz, mas dizer como e por que se cometeu algo absolutamente infame parece impossível. Certa obscenidade da violência autoriza certas cenas em Homero e em Shakespeare, e em Esteban Echeverría, assim como nos escritos supostamente eróticos do Marquês de Sade – cenas que, depois, se justificam num contexto literário e filosófico. Mas a anatomia desses atos, contada pelos culpados na primeira pessoa do singular, parece carecer de vocabulário. Existem atos tão terríveis que seus executores só podem dizer "eu fiz isso" (o que já é muito), mas nunca "foi por sentir tal coisa, pensando nesses propósitos, raciocinando assim que o fiz".

Alejandra Pizarnik, ao recontar a vida da horripilante condessa húngara Erzsébeth Báthory, conhecida como a "Condessa sangrenta", que se divertia torturando moças no seu castelo, perguntou-se quais seriam seus pensamentos quando voltava da sala de tortura, para trocar o vestido ensopado de sangue. A pergunta de Pizarnik ecoa implacavelmente na nossa consciência, ontem e hoje. Que sonhos têm os torturadores quando se retiram do seu local de trabalho, voltam para casa, abraçam os filhos, se olham no espelho? Será que relembram seus atos ao longo do dia? Será que os revivem, que se regozijam com eles? Será que os julgam? É lícito supor que, se o fazem, é através de imagens, de sensações físicas, de lembranças instantâneas, posto que os sentimentos, as ideias e os raciocínios correspondentes a tais

Desobediência civil

lembranças se acham fora dos limites do que as palavras podem nomear. A crueldade é áfona.

É por isso, por essa inevitável falta de testemunho dos torturadores e assassinos, que a crônica das vítimas que buscam refúgio – anteontem, as vítimas da Shoá, na Europa; ontem, as da ditadura militar, no nosso país; hoje, os refugiados – é imprescindível. A memória cívica é sempre pobre: confiamos em monumentos e na exatidão dos manuais de história para lembrar os fatos fundamentais, tanto positivos como atrozes, que definem nossa identidade nacional. As pedras e os números nunca bastam. Precisamos do testemunho pessoal, da narração dos protagonistas voluntários e involuntários, da palavra de quem esteve no inferno e volta para nos contar essa parte da nossa experiência comum, nacional, que é tão dolorosa de encarar, mas que segue viva nos nossos pesadelos. Precisamos que as vítimas nos contem o que aconteceu, para que possamos reconhecer esses fatos e condená-los, e fazer todo o possível para que não voltem a acontecer. Foi esse impulso de combater a injustiça de Estado que o estadunidense Henry David Thoreau chamou, em 1849, desobediência civil.

Notas para uma definição do leitor ideal

O leitor ideal é o escritor logo antes de as palavras ganharem forma na página.

O leitor ideal existe no momento que precede o momento da criação.

O leitor ideal não reconstrói uma história: ele a recria.

O leitor ideal não acompanha uma história: participa dela.

Um famoso programa de livros para crianças da BBC sempre começava com o apresentador perguntando: "Estão bem sentados? Então vamos começar". Para ler é preciso saber se sentar.

Nos retratos, São Jerônimo aparece debruçado sobre sua tradução da Bíblia, escutando a palavra de Deus. O leitor ideal deve aprender a escutar.

O leitor ideal é o tradutor. Ele é capaz de dissecar o texto, tirar a pele, cortar o osso até a medula, seguir cada artéria e cada veia e depois dar vida a um novo ser sensível. O leitor ideal não é um taxidermista.

Para o leitor ideal, todos os recursos são familiares.

Para o leitor ideal, todas as piadas são novas.

"Para ler bem, é preciso ser inventor." Ralph Waldo Emerson.

O leitor ideal tem uma capacidade ilimitada de esquecer. Consegue tirar da memória seu conhecimento de que Dr. Jekyll e o senhor Hyde são a mesma pessoa, que Julien Sorel será decapitado, que o nome do assassino de Roger Ackroyd é Fulano de Tal.

O leitor ideal não está interessado nos escritos de Bret Easton Ellis.

O leitor ideal sabe o que o escritor apenas intui.

O leitor ideal subverte o texto. O leitor ideal não pressupõe as palavras do escritor.

O leitor ideal é cumulativo: cada vez que lê um livro, acrescenta uma nova camada de lembranças à narrativa.

Cada leitor ideal é um leitor associativo. Lê como se todos os livros fossem obra de um autor eterno e prolífico.

O leitor ideal não pode traduzir em palavras aquilo que sabe.

Depois de fechar o livro, o leitor ideal sente que, se não o tivesse lido, o mundo seria mais pobre.

O leitor ideal possui um perverso senso de humor.

O leitor ideal jamais conta quantos livros tem.

O leitor ideal é generoso e ávido ao mesmo tempo.

O leitor ideal lê toda literatura como se fosse anônima.

O leitor ideal gosta de usar o dicionário.

O leitor ideal julga o livro pela capa.

Quando lê um livro de séculos atrás, o leitor ideal se sente imortal.

Paolo e Francesca não eram leitores ideais, pois confessam a Dante que, depois do seu primeiro beijo, pararam de ler. Os leitores ideais teriam se beijado e teriam continuado a ler. Um amor não exclui o outro.

O leitor ideal não sabe que é o leitor ideal até chegar ao final do livro.

O leitor ideal compartilha a ética de D. Quixote, o desejo de Madame Bovary, a luxúria da esposa de Bath, o espírito aventureiro de Ulisses, a integridade de Holden Caulfield, ao menos no espaço do narrado.

O leitor ideal percorre os caminhos conhecidos. "Um bom leitor, um leitor importante, um leitor ativo e criativo é alguém que relê." Vladimir Nabokov.

O leitor ideal é politeísta.

O leitor ideal é, para um livro, a promessa da ressurreição.

Robinson Crusoé não é um leitor ideal. Ele lê a Bíblia em busca de respostas. Um leitor ideal lê para encontrar perguntas.

Cada livro, bom ou ruim, tem seu leitor ideal.

Para o leitor ideal, cada livro é lido, até certo ponto, como sua própria autobiografia.

O leitor ideal não tem uma nacionalidade precisa.

Às vezes, um escritor tem que esperar vários séculos até encontrar seu leitor ideal. Blake levou 150 anos para encontrar Northrop Frye.

O leitor ideal de Stendhal: "Só escrevo para cem leitores, para aquelas pessoas infelizes, amáveis, encantadoras, nem um pouco hipócritas, nem um pouco morais às quais gostaria de agradar; conheço apenas uma ou duas delas".

O leitor ideal conhece a infelicidade.

Os leitores ideais mudam com os anos. Quem aos 14 anos foi o leitor ideal de *Vinte poemas de amor* de Neruda não o será aos 30. A experiência embaça o brilho de certas coisas.

Pinochet, que proibiu *D. Quixote* por pensar que incitava a desobediência civil, foi o leitor ideal desse livro.

O leitor ideal nunca esgota a geografia do livro.

O leitor ideal deve estar disposto não apenas a suspender a incredulidade, mas também a abraçar uma nova fé.

O leitor ideal nunca pensa: "Se eu pudesse ao menos...".

Escrever nas margens é marca de um leitor ideal.

O leitor ideal faz proselitismo.

O leitor ideal é cheio de caprichos sem culpa.

O leitor ideal é capaz de se apaixonar por pelo menos um dos personagens do livro.

O leitor ideal não se preocupa com os anacronismos, a verdade documentada, a exatidão histórica, a precisão topográfica. O leitor ideal não é um arqueólogo.

O leitor ideal observa rigorosamente as regras e normas que cada livro cria para si.

"Há três tipos de leitores: primeiro, o que desfruta sem julgar; terceiro, o que julga sem desfrutar; entre os dois, o que julga enquanto desfruta e desfruta enquanto julga. Este último tipo recria a obra de arte de forma nova e verdadeira; não forma um grupo numeroso." Goethe, em carta a Johann Friedrich Rochlitz.

Os leitores que se suicidaram depois de ler *Werther* não eram leitores ideais, apenas sentimentais.

Os leitores ideais raras vezes são sentimentais.

O leitor ideal quer chegar ao final do livro e ao mesmo tempo saber que o livro nunca acabará.

O leitor ideal nunca se impacienta.

O leitor ideal não dá importância aos gêneros.

O leitor ideal é (ou parece ser) mais inteligente que o autor; o leitor ideal não joga isso na sua cara.

Há um momento em que cada leitor se considera o leitor ideal.

As boas intenções não bastam para produzir um leitor ideal.

Marquês de Sade: "Escrevo apenas para quem é capaz de me entender, e este me lerá sem perigo".

O Marquês de Sade se engana: o leitor ideal está sempre em perigo.

O leitor ideal é o personagem principal do romance que está lendo.

Valéry: "Um ideal literário: terminar sem saber pôr na página nada além do 'leitor'".

O leitor ideal é alguém com quem o autor gostaria de varar a noite bebendo vinho.

Um leitor ideal não deveria ser confundido com um leitor virtual.

Um escritor nunca é seu próprio leitor ideal.

A literatura não depende de leitores ideais, mas apenas de leitores suficientemente bons.

SOBRE O AUTOR

O escritor, ensaísta, tradutor e editor argentino-canadense Alberto Manguel é autor de mais de quarenta livros, em sua maioria de não ficção. Nascido em Buenos Aires em 1948, passou parte da infância em Israel, onde seu pai era embaixador da Argentina. De volta a seu país natal, conheceu Jorge Luis Borges, para quem colaborou como leitor entre os dezesseis e os vinte anos de idade. Viveu em seguida na França, onde trabalhou para editoras, ao mesmo tempo em que publicava seus primeiros contos. Morou também em Milão e no Taiti, sempre trabalhando como editor, até radicar-se em Toronto em 1982, tornando-se cidadão canadense. Depois de mais um período na Europa, retornou à Argentina, onde em 2015 foi designado diretor da Biblioteca Nacional. Em 2016 tornou-se membro da Academia Argentina de Letras. Entre seus livros publicados no Brasil estão *O leitor como metáfora: o viajante, a torre e a traça* (Edições Sesc, 2017), *Uma história da leitura*, *Stevenson sob as palmeiras*, *Lendo imagens* e *Os livros e os dias*, além de antologias que organizou, como *Contos de amor do século XIX* e *Contos de horror do século XIX*.

Fontes Chivo e Sprat
Papel ColorPlus Sahara 180 g/m^2 (capa)
Pólen Bold 90 g/m^2 (miolo)
Impressão Pancrom Indústria Gráfica Ltda.
Data Setembro de 2021